Do isch doch aube...

Robert Roth

Do isch doch aube...

Erinnerungen an ein Dorf
Mit Zeichnungen von Peter Streit

Benteli Verlag Bern

© 1985 Benteli Verlag, 3011 Bern
Gestaltung: Benteliteam
Satz und Druck: Benteli AG, 3018 Bern
Printed in Switzerland
ISBN 3-7165-0509-9

*Von allem vermag des Menschen Herz
sich loszureissen,
nur von dem Fleckchen Erde nicht,
das man engere Heimat nennt.
Zu tief ist es darin verwurzelt.*

Inhalt

Das grosse Dorf empfängt den «verlorenen Sohn»   9
Wo jetzt vierschrötige Betonklötze protzen....... 17
Gar so schlimm ist es nun auch wieder nicht 25
Sonntags ging's ins «Bad» oder zur «Chauteli» ... 31
Winkel wie Bilder aus dem Märchenbuch 39
Der Musentempel löste sich in Tränen auf........ 47
Aubott louft e nöij Chue d Märitgass ab 55
Der gute Geist beim Liseli vo der Greppe 63
Der Wale lernte in der alten Markthalle boxen 69
Die oberi Farb ist zur Moderne übergelaufen 75
Der Sek-Brunnen und sein Baum reizten
zum Schabernak................................ 81
Wibi, wäbi, wupp! 89

Das grosse Dorf empfängt den «verlorenen Sohn»

Ich hange am grossen Dorf im Langetetal, weil ich dort geboren und aufgewachsen bin und eine Jugend verlebt habe, wie sie herrlicher nicht hätte sein können. Langenthals ungebärdigem Bach, der es meisterlich versteht, immer wieder Schlagzeilen zu machen, und meiner Wenigkeit war damals vieles gemeinsam. Auch ich sträubte mich wie ein Wilder, gebändigt zu werden, und versuchte man es trotzdem, tat ich dasselbe wie die Langete: ich brach aus meinem Gehege aus und scherte mich nicht den Teufel um die Folgen.
Dreissig Jahre sind ins Land gegangen, seit ich mein Heimatdorf verlassen habe. Inzwischen ist aus dem Saulus ein Paulus geworden. Dennoch freut es mich jedesmal, wenn ich in der Zeitung lese, die Langete habe ihr Korsett gesprengt und sei dann ungeniert mitten durchs Dorf gelaufen. Dann beneide ich die eigenwillige Dame insgeheim um ihr Ungestüm, und ich kann mich eines Lächelns nicht erwehren, hat man doch schon vor einem halben Jahrhundert von der unmittelbar bevorstehenden, grossen Langetekorrektion gesprochen und geschrieben.
Natürlich ist in all den Jahren mein Gesicht runzlig und

sind meine Haare grau geworden, so dass die Jungen wohl denken, ich sei gerade dabei, ein richtiger Mummelgreis zu werden. Wie sehr sie sich täuschen. Sie wissen nichts von dem Kind, das in der geheimsten meiner Herzkammern wohnt, wohin es sich vor undenklich langer Zeit zurückgezogen hat, um in einen Dornröschenschlaf zu sinken. Daraus ist es vor noch nicht allzulanger Zeit erwacht und ist nun so quicklebendig, dass es keine Ruhe mehr geben will. Durch mein inneres Ohr, durch das es wie durch ein Telefon mit mir sprechen kann, redet es unablässig auf mich ein. Es möchte mich am liebsten in den fröhlichen und unbeschwerten Springinsfeld von anno dazumal zurückverwandeln. Letztlich bringt es mich noch dazu, dass ich wieder Kind werde. Jedenfalls hat es mich bereits dazu überreden können, fürs erste die Stätte meiner Jugend zu besuchen.
Mir ist ganz feierlich zumute, wie ich in Wynigen den Zug verlasse, um auf Schusters Rappen nach Langenthal zu gelangen. Frohe Erwartung und Bangigkeit lösen einander in rascher Folge ab. Immer wieder fragt sich der Wandersmann, wie das grosse Dorf «seinen verlorenen Sohn» wohl empfangen werde. «Lue, dr Roth Röbu, dä Luftibus! was het er ächt wieder im Güsu?» hört er schon die Leute sagen. Doch als er auf einer Anhöhe plötzlich die Häuser von «Buchsi» erblickt, weiss er, dass die Heimat nicht mehr fern ist. Da lässt er einen Jauchzer los und nimmt danach die Beine unter den Arm, so eilig hat er es auf einmal, endlich z'Langetu anzukommen.
Wie ich aus dem Dunkel eines Waldes ins Helle trete, sehe ich das Dörflein Bleienbach unter mir und die weite, ebene Talsohle. Da dreht sich das Rad der Zeit um

Jahrzehnte zurück. Der Flugplatz Bleienbach feiert eben seinen Einstand, und dies ist der Anlass, das erste Flugmeeting der hiesigen Gegend abzuhalten.
Bei den meisten Zuschauern handelte es sich natürlich um Langenthaler, vermochten doch diese weit fortschrittlicher zu denken als etwa die Hinterwäldler aus der Umgebung des grossen Dorfes. Einige unter ihnen gebärdeten sich denn auch, als hätten sie die Ein- und Doppeldecker erfunden, die der staunenden Menge vorführten, dass ein alter Menschheitstraum, das Fliegen, Wirklichkeit geworden war. Man verkaufte Lose. Den glücklichen Gewinnern winkte ein Gratisflug. Fast jedermann langte in den Geldbeutel. Aber fast alle schlotterten vor Angst, es könnte sie «erwischen». Ich empfand grosses Mitleid mit denen, die das richtige Los gezogen hatten; denn sie waren totenblass, und ich konnte ihnen ihre Furcht lebhaft nachfühlen, begaben sie sich doch in Lebensgefahr. Nicht einmal einen Fallschirm gab man ihnen mit, falls die Sache schiefgehen sollte.
Während ich die Häuser von Bleienbach passiere, kommen mir drei markante Persönlichkeiten in den Sinn, die einmal hier gewohnt haben, Verzeihung, Herr Kammersänger, noch immer hier leben: D'Täfelimoore, der Basssänger Binggeli und der Kreiskommandant Gygax, der es sich nicht nehmen liess, zu den von ihm abzunehmenden Inspektionen auf dem Katzenbuckelpflaster vom Chrüzhof z'Langetu kerzengerade aufgerichtet, wie es seinem Wesen entsprach, per Velo zu erscheinen. Alle drei haben sich mir unauslöschlich eingeprägt.
Bereits marschiere ich das Brandholz entlang. Bevor

Die rauchenden Schlote der Porzellani, einst das Wahrzeichen von «Langenthal-Süd», haben ausgedient.

ich in den Weg einbiege, der am Moos vorbei zum Sängeli führt, schalte ich einen kurzen Halt ein, um Erinnerungen aufzufrischen.

Hier traf ich mich zum erstenmal in meinem Leben heimlich, und dies erst noch nachts, mit einem Mädchen. Es wohnte wie ich an der Bützbergstrasse, zählte ebenfalls schon sechzehn Lenze und hatte meine kühne Einladung zu diesem nächtlichen Stelldichein in einer verlassenen Gegend mit Freuden angenommen. Zwar kam meine erste Liebeserklärung nur unter einem jämmerlichen Gestotter zustande. Aber sie enthielt alles, was mein Herz damals fast zum Zerspringen brachte. Jedenfalls waren wir beide tief ergriffen, stiegen vom Rad und fassten uns bei der Hand. Und nun wartete jedes sehnsüchtig darauf, dass ihm das andere seinen Mund zum Kusse reiche. Sicherlich käme hier um diese Zeit keine Menschenseele vorbei. Es war denn auch nur das Froschkonzert vom Moos sowie das ferne Geheul der mondsüchtigen Langenthaler- und Bleienbacherhunde zu hören. Indes, ich war so sehr in den Anblick zweier wunderschöner Augensterne versunken, die dicht vor mir erstrahlten, dass ich das Küssen ganz vergass. Und als es mir dann doch noch in den Sinn kam, war es dazu bereits zu spät. Seufzend stieg das Mädchen wieder auf sein Rad und mahnte zum Aufbruch, damit es rechtzeitig nach Hause komme. So beschränkte sich denn meine erste, erwiderte Liebe auf dieses eine Stelldichein und lebte sonst von der Sehnsucht und von der Erinnerung an die leuchtenden Augensterne, denen ich so nah gewesen, dass ich, um ins Paradies zu gelangen, nur noch ein kleines Stücklein Weges hätte zurücklegen müssen.

Übrigens genau an derselben Stelle, wiederum in einer Mondnacht und erst noch im gleichen Jahr wurde ich zum erstenmal in meinem Leben von einem Polizisten angehalten und aufgeschrieben. Ich hatte den Dynamo an meinem Fahrrad nicht eingeschaltet. «Du muesch uf Aarwange i d'Chefi», sagte mein Vater ein paar Wochen später mit gekrauster Stirn. Nachdem er mit Genugtuung festgestellt hatte, dass mir der Schreck in die Glieder gefahren war, hielt er mir ein amtliches Papier aus dem Schloss Aarwangen unter die Nase, das mir einen Tag Haft androhte, falls ich nicht binnen dreissig Tagen eine Busse von Franken sechs wegen nächtlichen Radfahrens ohne Licht bezahlen würde.

Vergebens halte ich nun nach den drei mächtigen Schloten der Porzellani Ausschau. Sie waren einst Langenthals Wahrzeichen, marschierte man von Bleienbach her in die Oberaargauer Metropole ein. Doch jetzt sind sie einfach weg, auch wenn ich mir die Augen aus dem Kopf gucke. Bloss das Dach der Fabrik ragt ein bisschen über die hohen Stapel Bretter der Sägerei Schärer hinaus. Es ist, als habe sich die Porzellani auf die Zehenspitzen stellen müssen, damit man ihr Dach noch sehen kann. Voller Mitleid setzt ihm meine Erinnerung die drei Schornsteine wieder auf, und sieh da, sie fangen sogleich zu rauchen an.

Damals wollten sie manchmal überhaupt nicht mehr aufhören zu rauchen. Blies obendrein gar noch ein scharfer Wind, und kam dieser erst noch aus einer bestimmten Richtung, strich der Qualm der Kamine knapp über den Boden hin. Gesellte sich etwa noch der des Huttuschnäggs dazu, wurde die Wäsche, die man in diesem Zipfel Langenthals zum Trocknen aufgehängt hatte, schwarz vom Russ. Die Weiber der vom Rauch heimgesuchten Quartiere wurden allmählich gewitzter. Schön vorsichtig prüften sie erst Wind und Wetter, ehe sie ihre Wäscheleinen spannten.

Abermals schweift mein Blick über die Allmend. Je nach dem Stand der Sonne lag früher ein zauberhafter, rotbrauner Schimmer auf dem weiten Torfboden ausgebreitet. Heute ist dieser mit Gras bedeckt, und moderne Wohnbauten beginnen ihn in Besitz zu nehmen. Verschwunden ist auch die Abfallgrube im Dennli, die nicht nur für die vielen Krähen, die dort gehaust haben, sondern auch für die Jugend vom grossen Dorf eine wahre Fundgrube gewesen ist.

Wo jetzt vierschrötige Betonklötze protzen

Nach dem Sängeli, wo man in meiner Kindheit Lehm für die Ziegelei gefördert hat, geht's wieder ein gutes Stück den Wald entlang. «O jerum, jerum, jerum (Herrjemineh)! o quae mutatio rerum (welch ein Wandel der Dinge)!» singe ich wie von ungefähr den Kehrreim eines Studentenliedes vor mich hin. Früher erschreckte das fröhliche Pfeifen vom Lättlockerli die Rehe im Wald. Unermüdlich war es mit seinen sieben Wägelchen unterwegs, um den begehrten Lehm vom Sängeli zur gefrässigen Ziegelei zu transportieren, die von dem Zeug anscheinend nie genug bekommen konnte. Längst gehört das fleissige Bähnchen der Vergangenheit an, ebenso wie d'Tschinggebaragge, die mutterseelenallein hier draussen in der «Wildnis» gestanden, vor dem Ersten Weltkrieg italienische Fremdarbeiter beherbergt und ganz zuletzt noch eine Zeitlang allerlei Getier Unterschlupf gewährt hat.
Bis zum Thunstettenrain, wo mein eigentlicher Einmarsch ins Dorf vonstatten gehen wird, bleibt mir noch eine Weile, um Bilder des Dorfes aus meiner Jugend Revue passieren zu lassen, damit ich später einen Vergleich mit der Gegenwart anstellen kann. Doch ehe ich

mir's versehe, rücken die alten Baracken der Holzimprägnierungsanstalt ins Blickfeld, deren Besitzer einst der Spychiger Noldi und zuvor sein Vater, der Herr Oberst Spychiger, gewesen ist. «Hier hat sich überhaupt nichts verändert», sage ich erleichtert zu mir selbst. Da stürzt gleichsam aus dem Hinterhalt ein mächtiger Betonklotz, der Silo der Kartoffelflockenfabrik, auf mich ein und begräbt unter sich — bloss Spychigers Baracken und das Waldheim lässt er ungeschoren —, was just vor meinem inneren Auge vorbeigezogen ist: ds Lättlockerli, die imponierende Drehscheibe, auf der man jenes gerade um 180 Grad gedreht hat, damit seine Nase wieder Richtung Sängeli gucke, und schliesslich die lustigen Wägelchen des Bähnchens, die oben auf einer Rampe ihren Lehm schnell in den weit aufgerissenen, feuerspeienden Rachen der Ziegelei gekippt haben und danach schleunigst wieder nach unten gerasselt sind, um angesichts der ungeheuren Fressgier der Ziegelei oder aus Versehen nicht am Ende gar selbst verschlungen zu werden.
Der Anblick des Betonklotzes ist wie ein Faustschlag aufs Auge gewesen. Bestimmt werde ich bei meinem Rundgang durchs Dorf noch mehrere solche Hiebe einstecken müssen. Um mich vom ersten zu erholen, flüchte ich in den Thunstettenwald.
Das Gebiet, in dem ich mich jetzt befinde, ist mir sehr vertraut. Schon als Rotznase war ich ständig auf Abenteuer aus und kam deshalb öfters in dieses Revier, weil sich darin einiges tat. So wurde ich eines Tages Zeuge, wie der Stamm der Haudeler, vor denen die übrigen Jungen aus dem Dorf grossen Respekt hatten, das

Kriegsbeil ausgrub, um irgendwann und irgendwo gegen irgendeinen Feind zu kämpfen. Mit den Vorbereitungen hiefür konnte man ja nicht früh genug beginnen. D'Siegfriedgiele gaben den Ton an. «Sigu hie, Sigu da!» erscholl es allenthalben. Der älteste der drei Brüder war der Häuptling des Stamms. Dies konnte man an seinem besonders reichen Kopfschmuck erkennen, der aus Hühner- und Krähenfedern bestand, aber auch etliche stolze Pfauenfedern enthielt. Der Häuptling trug auch ein echtes Beil bei sich sowie ein Lasso, mit dem er, wenn es soweit wäre, einen wilden Hengst einfangen würde, um hoch zu Ross gegen den Feind zu Felde zu ziehen. Die Rollen des Old Shatterhand und Old Shurehand hatten sich seine Brüder zugeschanzt. Der erstere besass sogar eine Flinte — ein Luftgewehr —, das ihm der Old Shurehand abzujagen suchte. Darob gerieten sich die beiden Bleichgesichter in die Haare, was die Rothäute jedoch nicht im geringsten zu beeindrucken vermochte. Mich duldeten sie in ihrer Mitte, weil ich mit einem der Ihren, em Schäfer Pole, dieselbe Schulbank drückte und ihn etwa schon zu mir nach Hause zu einem Butterbrot eingeladen hatte.

Bald einmal wurde ein Feuer entfacht und liess man Rauchwolken gen Himmel steigen. Das bedeutete Krieg. Deshalb malten die Haudeler ihr Gesicht an, damit jedermann sogleich im Bilde sei, dass sie sich auf dem Kriegspfad befanden. Und nun übte sich männiglich im Bogenschiessen und im Nahkampf, im Beobachten und Anschleichen. Schliesslich musste jeder Krieger eine Mutprobe ablegen. Man band ihn an eine Buche, die der Häuptling zuvor als Marterpfahl ausersehen

Wo Holz und Beton zusammenprallen.
Imprägnierungsanstalt Spychiger und Silo der Kartoffelflockenfabrik.

hatte. Dann wurde er mit Ruten geschlagen, und der Medizinmann hielt ihm Brennesseln an Gesicht und Hände. Natürlich gab man acht, dass man dem künftigen Mitstreiter nicht allzu weh tat.

Zu guter Letzt trat noch der Stummli auf den Plan. Durch Gebärden tat er kund, dass auch er sich an die Buche binden lassen möchte. Man sah sogleich, dass er für die Haudeler kein Greenhorn war. Sie willfahrten seinem Wunsch. Da stand denn der ärmlich gekleidete Mann, der weder sprechen noch hören konnte, am Marterpfahl und strahlte übers ganze Gesicht, weil seine Haudeler ihm die Ehre hatten zuteil werden lassen, für einen Augenblick der Mittelpunkt des Geschehens zu sein.

Indianer aus dem Haldenquartier

In Schoren verlasse ich den Wald. Von der Kunsteisbahn abgesehen, ist hier oben vieles beim alten geblieben. Noch sind die «Eintracht» und der «Ochsen» nicht abgebrannt. Und wie eh und je schnattern auf dem Schorenweiher die Enten und schlägt in einem Gehege neben dem Teich der Pfau sein Rad. Sogar echte Bauernhöfe mit allem Drum und Dran, einschliesslich des schmeichelnden Geruchs von Kuhmist und verschütteter Gülle, hat Schoren noch aufzuweisen, und Schoren gehört schliesslich, genauso zu Recht wie zum Beispiel ds Wuer, d'Ufhabe, der Geissbärg, d'Greppe oder der Aume, zu Langenthal, das die Statistik seiner Einwohnerzahl wegen kurzerhand, ohne es vorher nach seiner Meinung gefragt zu haben, zur Stadt erhoben hat. Städtische Allüren haben indessen nicht etwa die Menschen, die hier leben. Städtisch geben sich höchstens die amtlichen Papiere sowie die modernen Gebäude, die ein paar verrückte Jahrzehnte in ihrer Bauwut aus dem Boden gestampft haben, wobei manches gute Fleckchen Erde und manch schöner Baum und Strauch haben dran glauben müssen. Langenthal selbst hat sich redlich bemüht, seinen dörflichen Charakter zu bewahren. Das darf ihm ruhig attestiert werden, und man ist gerne bereit, ihm in seinem zähen Kampf für die Erhaltung unschätzbarer und unersetzlicher Werte Schützenhilfe zu leisten.
Nachdenklich schaue ich auf den Dorfteil hinunter, der zwischen Schorenhoger und Hinterberg liegt. Ich habe die Brille abgenommen, damit ich nur sehen kann, was ich sehen möchte. Auf Anhieb bietet sich meinen Blicken denn auch ein Bild, das mir von der Jugend her vertraut ist. Der grüne Rasen des Schulhausplatzes, d'Sek,

die bestandenen Primarschulhäuser, neue Turnhalle und Kindergarten sowie ds Appezäuerhüsi neben der alten Turnhalle grüssen zu mir herauf. Im Süden dehnen sich nach wie vor die uralten Wässermatten der Langete, und nachdem mir, kaum sind sie meiner ansichtig geworden, auch ds Choufhüsitürmli und dahinter der Kirchturm freundlich zugewinkt haben, ist für mich alles wieder im Lot.
Nun setze ich die Brille auf, und schon kommt mir die Sache nicht mehr ganz geheuer vor. Etliche Villen sind samt ihren Pärken auf einmal spurlos verschwunden. Wo sie einst vor sich hin gedöst haben, protzen jetzt vierschrötige Betonklötze. Sie machen sich so breit, dass die alteingesessenen Häuser und Häuschen haben zusammenrücken müssen. Sie sind in ihrer Bescheidenheit schon zufrieden, dass man ihnen überhaupt gestattet hat, weiterzuleben. Die Neulinge sehen furchtbar unpersönlich aus. Sie besitzen ja auch keine Seele. Man hat den Eindruck, nicht Menschen hätten sie erschaffen, sondern sie seien entweder geradewegs aus der Retorte gekommen, oder dann habe ein Computer sie zur Welt gebracht.
Schliesslich springt mir das Bettenhochhaus vom Regionalspital ins Auge. Es ist so hoch, dass es die Kirchturmspitze um vieles überragt und ihr so den Himmel streitig macht, auf den sie doch das alleinige Anrecht hat.

Gar so schlimm
ist es nun auch wieder nicht

Um von meinem Langenthal, das ich eine halbe Ewigkeit nicht mehr zu Gesicht bekommen, einen Gesamteindruck zu erhalten und zu sehen, wie es zurechtkommt, seit man den Mond und die Sterne über seinen schönen Gärten entzaubert hat, marschiere ich erst einmal in die Kreuz und in die Quere. Ich werde bei lieben Freunden übernachten und mir Einzelheiten dann morgen anschauen. Einen Flecken des Dorfes umgehe ich vorderhand. Das Wiedersehen mit meinem Geburtshaus hebe ich mir für den Schluss des Besuches auf. Es soll ihm gewissermassen die Krone aufsetzen.
So geht's denn munter und in wildem Zickzack gassaus, gassein. Doch schon bald komme ich aus dem Staunen nicht mehr heraus. Da werden Strassen aufgerissen und Häuser niedergerissen, wird gebaut, umgebaut, und vielerorts herrscht ein solcher Spektakel, dass sich mir alles dreht. Du meine Güte! Was ist denn in das Dorf gefahren? Und wo sind all die liebenswürdigen Lädeli nur hingekommen, wo mir die kinderliebe Verkäuferin, wenn ich schön brav gewartet habe, bis ich an die Reihe gekommen bin, einen Fenchelstengel, es Täfeli oder Chrömli zugesteckt hat? Riesige Warenhäuser haben sie

«Da werden Häuser niedergerissen, da wird gebaut.»
Gärtnerhaus im ehemaligen Grossenbacherareal.

mit Stumpf und Stiel gefressen und anscheinend gut verdaut. Sie haben ihnen auch keine Tränen nachgeweint; es wäre unter ihrer Würde gewesen. Manch wehmütigen Seufzer haben die Leute vom Dorf dann allerdings ausgestossen, als der Hürlimann von Zürich mir nichts, dir nichts den Baumberger von Langenthal geschluckt hat, so dass das edle Baumberger Bier von der Namenliste der Gebräue aus Hopfen und Malz für immer verschwunden ist.

Es entgeht mir nicht, dass viele Häuser, um ja immer up-to-date zu sein, eine neue Schminke aufgetragen oder sich ein neues Gesicht zugelegt, dass ganze Kleid gewechselt und manchmal sogar das Gewissen herausgenommen haben, weil ihnen bei ihrem Modefimmel doch nicht so wohl zumute gewesen ist.

Auch der «Bären» hat mit der Zeit gehen wollen und sich deshalb einen neuen Bär angeschafft. Doch vielleicht ging der alte den Leuten aufs Gädder; denn er hatte so eine Art, dazusitzen und dreinzublicken, als müsse er mal. Bei diesem Anblick verspürte man zuweilen selbst ein plötzliches Bauchgrimmen und suchte eilends das nächste stille Örtchen auf.

«Ds Chrüz» dagegen vermag ich beim besten Willen nicht wiederzuerkennen. Entweder ist da ein richtiger Verwandlungskünstler am Werk gewesen, oder dann hat ganz einfach der Zeitgeist das alte «Kreuz» gegen ein nigelnagelneues ausgewechselt. Ein Augenschein auf der Rückseite des Baus bestätigt meine zweite Vermutung. Auch die ehemaligen Stallungen und d'Chrüzmatte, auf der einst Pferde geweidet, haben sich nicht in Luft auflösen können. Nein, die Gegenwart hat für sie ebenfalls keinen Platz mehr gehabt und deshalb alle beide in die Vergangenheit abgeschoben. Seitdem dürfen sie nur noch in der Erinnerung existieren. Vom gleichen Schicksal ist das Katzenbuckelpflaster ereilt worden, auf dem einst das hohe Militär seine Rekrutenaushebungen und Inspektionen abgehalten und die Damen mit Stögelischuhen den Absatz verloren haben, wenn es ihnen auf dem Weg zum Metzger Steiner zu sehr pressiert hat.

Für den alten «Löwen» ist es überhaupt kein Problem gewesen, von der Bildfläche zu verschwinden. Als es ihm zu bunt wurde, weil ihm das ewige Gschtürm, das ihn selbst betraf, zum Hals heraushing, besann er sich einfach auf seinen Namen und machte sich bei Nacht und Nebel von allein davon. Wo er gethront, steht jetzt ein Wohn- und Einkaufszentrum. Wie ich daran vorbeigehe, taucht unwillkürlich die gedeckte Kegelbahn vom alten «Löije» aus der Erinnerung. Darin wurde im wahrsten Sinne des Wortes manch ruhige Kugel geschoben. Als Cheguschteller betätigte sich zu meiner Zeit der Sohn des damaligen Wirtes Pfäffli. Weil er für jedes Babeli und jeden Kranz einen Extrabatzen erhielt, half er zuweilen den Kegeln beim Umfallen ein bisschen nach. Er versetzte denen, die hartnäckig stehengeblieben waren, heimlich einen Tritt, so dass sie schliesslich doch noch ins Wanken gerieten und zu Boden stürzten, worüber sich Kegler und Chegubueb gleichermassen freuten. Letzterer wandte seinen Trick mit Vorliebe dann an, wenn der kurzsichtige Uhrenmacher Jaberg die Kugel geschoben hatte oder der Fürsprecher Gäumann, der seine Juristerei so sehr liebte, dass er sich, kaum war die Kugel unterwegs, schon wieder über irgendwelche juristischen Spitzfindigkeiten verbreitete, statt zuerst den Erfolg oder Misserfolg seines Schusses abzuwarten.

Neulich träumte mir, in Langenthal sei eine Art Bürgerkrieg ausgebrochen. Die Sturmglocken läuteten, weil der Frieden im Dorf gestört war, und die Verfechter des Alten sowie die Anhänger des Neuen gingen aufeinander los und verdroschen sich nach Noten. Als ich aus dem Alptraum erwachte, musste ich lachen und dachte: «Gar so schlimm ist es nun auch wieder nicht. Wie anderswo stehen sich Alt und Neu eben auch hier voller Argwohn, ja feindlich gegenüber. Beide haben zuwenig Zeit gehabt, sich aneinander zu gewöhnen, so dass sich das eine mit dem andern nicht vertragen mag. Es ist, als sei die Seele des Dorfes gespalten. Böse Zungen könnten gar behaupten, dieses leide an Schizophrenie, während einer, der sich viel mit Schach befasst, im Hinblick auf den momentanen Stand der Dinge eher an ein Remis denken würde.

Keine Bange! Die Befürchtung, vom grossen, schönen Dorf, wie es sich früher einmal dem Langetetal und der übrigen Welt präsentiert hat, werde letzten Endes überhaupt nichts mehr übrigbleiben, wird sich als unbegründet herausstellen; denn öffnest du, lieber Heimwehlangenthaler, der du wie ich am Dorf hängst, Augen und Herz, begegnet dir plötzlich auf Schritt und Tritt das Altvertraute. Bald lugt es aus dieser, bald aus jener Ecke hervor, kommt dann auf dich zu und heisst dich, den Heimkehrer aus der Fremde, herzlich willkommen. Sei es ein Haus oder ein schmiedeeisernes Gartentor, das zu entfernen man beim Abbrechen und Wegräumen in der Hitze des Gefechtes vergessen hat; sei es eine Wiese, ein einzelner Baum, ein Stück vom Bach, der sich ohnehin nie ganz wird unterjochen lassen, oder auch nur eine Erinnerung. Gerade die Erinnerung wird sich schliesslich als so stark erweisen, dass sie zum Hüter des Dorfes werden und dafür sorgen wird, dass die Gegenwart die Vergangenheit respektiert und auf sie Rücksicht nimmt.»

Der alte «Löwen»

Sonntags ging's ins «Bad» oder zur «Chauteli»

Weil ich heute abend von Langenthal Abschied nehmen muss und nicht weiss, wann ich wiederkehren werde, möchte ich den Tag richtig ausnutzen und den verborgensten Winkel des Dorfes in mich aufnehmen, um ihn nimmer aus meinem Gedächtnis zu verlieren. Deshalb bin ich per Auto unterwegs; wo käme ich sonst hin? Langenthal ist ja so weitläufig. Tagelang könnte man darin umherschweifen, und doch würde man immer wieder etwas entdecken, das man bislang noch nicht gesehen hat. Mein Freund kutschiert den Wagen. Er kennt seine Pappenheimer. Schmunzelnd lässt er mich aussteigen und zu Fuss gehen, hat ein Stücklein Alt-Langenthal meine besondere Aufmerksamkeit gefesselt oder ein Neubau, der sich meistens dadurch als Frischzugezogener zu erkennen gibt, dass er kein richtiges Dach über dem Kopf hat.
Befinden wir uns etwas abseits vom Verkehr, halten wir öfters an, vor allem dort, wo die Langete rauschend ins Dorf einzieht, damit man ihr Kommen auch allenthalben höre, oder an jener Stelle, wo der Bach den letzten Häusern des Dorfes den Rücken kehrt und, überschäumend vor Lebenslust, plötzlich so flink einherläuft, als

könne er es kaum erwarten, wieder ins Freie zu gelangen. Dann suchen meine Augen die Wege zu erspähen, auf denen ich einst zusammen mit meinen Eltern und meinem Bruder sonntags spaziert bin. Die Landschaft, durch die sie geführt, ist fast heil geblieben. Ein Sonntagsbummel in dieser wunderschönen Gegend gehörte denn auch zu den reizvollsten der «massgeschneiderten» Spaziergänge, für die ein knapper Nachmittag gerade reichte.

Ds Bad

Stand einem jedoch der ganze Sonntag zur Verfügung, wanderte man mit Vorliebe zur Hohwacht, und war man auf deren oberstem Punkt angelangt, erkletterte man auf schwindelnden Leiterchen erst noch ihren riesigen Turm. Manchmal bestieg die ganze Familie sogar das lustige, gelbe Bähnchen, das sie zum «Juja» brachte, wie ich den blauen Berg in meiner frühsten Kindheit nannte, weil ich lange das R nicht aussprechen konnte, oder sie fuhr im Huttuschnägg ins Emmental, um dort einen verlockenden Hoger zu erklimmen.

Doch nun wieder zurück zum Sonntagsbummel im Norden des Dorfes. Entlang der Langete und vorbei an prächtigen Bäumen und lieblichen Wiesen ging's schliesslich über ein morsches Brücklein auf die andere Seite des Bachs, dann längs des erwähnten Waldes zur Sankt-Urban-Strasse hinunter und auf dem holprigen Strässchen wieder dorfwärts, aber nur bis zum «Bad», weil dort der «Hirschen» mit einem währschaften Zvieri auf einen wartete. Dieses wollte indessen verdient sein. Erst musste man eine steinerne Freitreppe hinaufsteigen, die so steil war, dass einer gut daran tat, ans Hinuntersteigen zu denken, hatte er vor, in dem gastlichen Haus ein Gläschen über den Durst zu trinken.

Manchmal übersah man das erwähnte morsche Brücklein absichtlich und begleitete weiterhin den Bach, von dessen Geschichten, die er einem unterwegs erzählte, man nie genug bekommen konnte. Plötzlich kam dann linker Hand eine im Wind flatternde Fahne mit dem Schweizer Kreuz in Sicht, die das Ziel des gemächlichen Bummels bedeutete: die Kaltenherberge.

Hatte der Vater dem Spazieren zuliebe auf sein Mittagsschläfchen verzichtet, machten wir, um zur «Chauteli» zu gelangen, sogar einen Umweg und statteten dem Mumenthalerweiher einen Besuch ab. Dort setzten wir uns auf das Bänklein, das einen inmitten des stillen Gewässers dazu einlud, in aller Musse den tanzenden Mücken und Libellen zuzuschauen und sich das fröhliche Gequake der Frösche anzuhören. Der Weg zu dem bezaubernden Teich führte durch das Hard und danach durch den gleichnamigen Wald. Zwischen den beiden galt es die Zürich-Bern-Strasse zu überqueren. Auf

Freitreppe und Portal vom «Hirschen»

ihrer dem Dorf zugewandten Seite verliefen schnurgerade die Schienen des Melchnaubähnchens. Aus Ehrfurcht vor der renommierten Strasse, und weil sie ihr möglichst wenig Platz wegnehmen wollten, benützten sie nur gerade deren äussersten Rand und lagen eng beieinander.

Ds Hard war damals sehr dünn besiedelt. Neben wenigen andern Gebäuden waren in dem grossen Geviert fast ausschliesslich die bescheidenen Häuschen der Eisenbahner, wie etwa die am Zeiewäg, zu sehen. Heute ist das Hard überbaut. Protzige Blöcke sind auch hier wie Pilze aus dem Boden geschossen. Die alten Häuser, selbst das, in dem mein ehemaliger Französischlehrer, der Aeberi, gewohnt hat, kommen sich inmitten all der Neulinge ganz verloren vor und drohen zu verkümmern. Sie gehen, welch ein Jammer! eins nach dem andern ein. Dass sich ihr Hard dermassen aufgebläht, hat die Hardeler alten Schlags verdrossen. Sie, die einst ein verschworener Haufen gewesen und miteinander durch dick und dünn gegangen sind, haben ihr Bündel gepackt und sind längst über alle Berge. Kein Wunder, dass ich während meines hiesigen Besuchs bis anhin noch keinem einzigen von ihnen begegnet bin.

Nun, war man auf seinem Spaziergang endlich in der Kaltenherberge angelangt, musste man viel Geduld oder Glück haben, um bei dem starken Andrang noch ein Plätzchen zu finden: denn an einem Sonntag war das berühmte Gasthaus gerammelt voll. Seiner Spezialitäten wegen kamen die Feinschmecker und Leckermäuler oft von weit her, manchmal sogar aus der Hauptstadt. Deshalb waren hier sonntags die Langenthaler gegenüber den Auswärtigen in der Minderzahl. Dennoch konnte man sie sogleich an der Sprache erkennen. Ihr «Langetu, Roggu, Woufu, Huttu und Bau (Bannwil)» stach hervor, und hatten ihre Kleinsten Durst, bestellte man für sie keine Milch, sondern e Möuch. Das gespreizte, aristokratische «Stadtberner Ällälä» war den Langenthalern ohnehin ein Greuel. Jedenfalls hatten ihnen im Bauernkrieg der bodenständige Niklaus Leuenberger und seine Mannen nähergestanden als die Gnädigen Herren von Bern mit ihrer gestelzten Ausdrucksweise.

Es war in der Kaltenherberge, wo ich als Dreikäsehoch ein Gespräch zwischen einem Stadtberner und einem Langenthaler belauschte. Ich hörte genau, wie der Mann aus der Stadt am Ende des Disputs den Ausspruch tat: «Ja gället, mir sie halt vo Bärn», worauf ihm mein Heimatgenosse mit einem «Jä jo» antwortete. Die beiden Worte drückten vieles aus, aber sagten längst nicht alles, was zu dem Ausspruch noch zu sagen gewesen wäre. Da blitzte etwas von der Schlauheit und weisen Zurückhaltung des pfiffigen Langenthaler Kaufmanns von anno Tobak auf, dem es in der Nachbarschaft von Raubrittern, habgierigen Städten und Klöstern sowie knauserigen Adligen kein leichtes gewesen war, sein Schäfchen «ungeschoren» ins trockene zu bringen.

Ein Glück, dass sich dieses herrliche «Jä jo» mitsamt dem dahintersteckenden, unverwüstlichen Langenthaler Naturell in das Heute hinübergerettet hat. Überhaupt ist die hiesige Mundart so tief im Alten verwurzelt, dass sie der Zeitgeist nicht so leicht wird ausreissen können. Ihre breiten und zum gemächlichen Zuhören einladenden «Au», «Aeu», «Eu», «Ou» und «Oeu» zeugen im übrigen eher von dörflicher Bedächtigkeit und Bescheidenheit als von städtischer Hast und Überheblichkeit.

Biglerhaus

Winkel wie Bilder aus dem Märchenbuch

Mein Freund drosselt die Geschwindigkeit, damit die Erinnerungen, die uns begleiten möchten, mit uns Schritt zu halten vermögen. Bereits nähert sich unser Wagen wieder dem Dorf. Durch das frische Grün uralter Bäume schimmert das helle Grau der Gebäude des Regionalspitals. Mich dünkt, sie fügen sich gut in die Landschaft ein und tun ihr mit ihrem Anblick keine Gewalt an. Diejenigen, die da sehr behutsam und mit einem feinen Gespür für die Empfindlichkeit der Natur und derer, die sie lieben, zu Werke gegangen sind, haben auf den Charakter der Umgebung grosse Rücksicht genommen. Sogar ein Türmchen von anno dazumal haben sie stehenlassen und auf diese Weise auch der Vergangenheit Achtung erwiesen. Die ganze Anlage wirkt aufgelockert. Man hat das Protzige, Aufdringliche, das ja immer zugleich auch nach einer Bedrohung aussieht, zu vermeiden gesucht. Den Verantwortlichen sei an dieser Stelle Lob gespendet. Nachdenklich stimmt mich indessen, dass sich auch dieses Spital binnen kurzem zu einem Riesengebilde ausgewachsen hat. Es ist zu einer Stadt für sich geworden, die ihre eigenen Gesetze befolgt — vielleicht gar zu einer Art Ghetto für alle die, die es lebend nicht mehr verlassen dürfen.

Als Dreizehnjähriger lag ich im Operationssaal des alten Spitals uf em Schrage, um mir meinen während der Ferien im Bündnerland gebrochenen rechten Arm nochmals brechen zu lassen, weil die Fraktur nicht richtig verheilt war. Diese Aufgabe hatte der vorzügliche Chirurg Baumann übernommen, der zu mir wie ein Vater war. Er deutete auf ein hölzernes Dreieck und erklärte mir, was er damit im Sinn habe. Doch brauche ich nicht bang zu sein, da ich überhaupt nichts spüren werde. Nachdem ich ihm auf seine Frage, wie denn das dreieckige Ding in der Trigonometrie heisse, die richtige Antwort erteilt hatte, tätschelte er lächelnd meine Wangen, beugte sich dann zu mir herab und flüsterte mir ins Ohr, er übernehme die volle Verantwortung, dass ich nach der Operation wieder imstande sein werde, Geige zu spielen und wie zuvor den Leuten auf der Strasse ein Konzert zu geben, wenn sie mich darum bäten. Angesichts solch verlockender Aussichten hatte ich nichts dawider, dass nun die Operationsschwester mein Gesicht mit einem Tuch bedeckte, auf das sie Äther träufelte. Trotz des fürchterlichen Gestanks, der hiebei auf mich eindrang, atmete ich tief, so wie die Schwester es mich geheissen. Weil meine Lunge sechs Liter Luft auf einmal zu fassen vermochte, dauerte es nicht lange, bis ich plötzlich gen Himmel fuhr. Nachdem ich dort mit dem Kopf an die Sonne angeschlagen war, sauste ich wieder erdwärts, und zwar in einem derart mörderischen Tempo, dass ich das Bewusstsein verlor.

Bei der Mühle lässt mich mein Freund aussteigen. Sie

gehört zum kostbarsten unter all dem Schmuck, den das Dorf besitzt. Deshalb trägt es Sorge für das prächtige Haus. Lange bleibe ich davor stehen. «Wie sehr du gealtert bist, seit ich dich das letzte Mal gesehen habe», sage ich zur Mühle. Sie sieht mich bloss erstaunt an; denn sie vermag sich meiner beim besten Willen nicht zu entsinnen. «Trotzdem hat man deinen Stolz nicht brechen können», setze ich meine Ansprache fort und füge hinzu: «Je mehr du in die Jahre kommst, desto stärker kommt deine innere Schönheit zur Geltung.»
Wie ich nun in die Runde schaue, ziehen auf einmal Bilder aus meiner Kindheit an mir vorbei. Die Erinnerung wird so mächtig, dass ich ihr erliege. Der Winter 1928/29 ersteht vor meinen Augen.
Damals herrschte der Frost über das Dorf und seine Umgebung. Er führte ein viel strengeres Regiment als die gewöhnliche Kälte. Was er anrührte, wurde sogleich zu Eis. Die kahlen Bäume, die jeglichen Schutzes bar waren, hatten unter seiner Grausamkeit besonders zu leiden. Umklammerte er sie mit eisernem Griff, um ihnen weh zu tun, klirrten sie laut vor Schmerzen. Dem Bach war es zum Wandern anscheinend zu kalt geworden. Er hatte sich eine Eisdecke übergezogen und war danach fest eingeschlafen. Seither gab er keinen Laut mehr von sich, ein untrügliches Zeichen, dass er nicht geweckt werden wollte.
D'Mülimatte war mit lauter grösseren und kleineren Eisspiegeln übersät, auf denen man Schlittschuh laufen konnte. An einem freien Nachmittag liess sich mein Bruder dazu überreden, mich dorthin zum Eislaufen mitzunehmen, obschon ich in dieser Sportart ein bluti-

ger Anfänger, er dagegen bereits ein grosser Könner war. Deshalb beanspruchte er die grossen Eisspiegel — es machte ihm Spass, von einer Eisfläche auf die andere zu springen — allesamt für sich allein und verbannte mich, damit ich seine Kreise nicht störe, auf einen der

Füglistaller-Haus

kleinen Spiegel. Nun, mir stand der Sinn ohnehin nicht nach sportlicher Betätigung; denn der Frost hatte mich gezwungen, die langen, wollenen Strümpfe aus dem Tricotlädeli der Frau Streit anzuziehen, und die Wolle war mein Erzfeind. Kaum kam ich mit ihr in Berührung, begann mich meine empfindliche Haut entsetzlich zu jucken. Alles Kratzen nutzte da nichts. Eine Frau, die unterwegs zur Mühle war, sah mich in meiner Not, winkte mich zu sich und schob mir ein Stücklein Schokolade in den Mund. Sie dachte wohl, mich friere erbärmlich, weil ich so gschtabelig daherkam und nun gar noch zu plärren anhob. Nach dem Grund meiner Tränen befragt, sagte ich mit weinerlicher Stimme: «I muess gäng nume wuligi Schtrümpf ahah, wo eim so bisse.» Darauf machte die Frau ein verdutztes Gesicht, schüttelte den Kopf und ging von dannen.

Das Wuhr ist wie ausgestorben. Keine Menschenseele treffen wir an, nicht einmal einen Hund oder ein neugieriges Kätzchen. Die Häuser auf beiden Seiten der Gasse scheinen unbewohnt. Sie sind steinalt, so dass sie nur noch in der Vergangenheit leben. Der Bach, der an ihnen vorbeizieht, weiss dies; deshalb sind auch die Geschichten, die er den Häusern erzählt, so alt, dass sie ausser ihnen keiner mehr hören mag. Ihre Vorkommnisse liegen viel zu weit zurück, und auch ihre Menschen sind ja längst tot. Sind einmal die alten Häuser des Wuhrs nicht mehr, werden auch diese Geschichten sterben müssen. Dem Bach, der sie als einziger noch kennen würde, werden sie aus dem Sinn kommen, weil er sie ja niemandem mehr wird erzählen können. Ds Wuer ist ein Schatzkästlein besonderer Art. Nur jene können es sehen und öffnen, die sich an den Kleinodien, die es enthält, noch richtig zu freuen vermögen. Sogar ein waschechtes Wöschhüsi der ehemaligen Gärbi ist im Wuhr zu sehen. Neben der Schlosserei Füglistaller und dem sich daran anschmiegenden, bezaubernden Häuschen — Bilder aus einem Märchenbuch — gibt es hier noch so manch entzückenden, verschlafenen Winkel, an dem die Zeit ganz einfach vorübergegangen ist.

Auch die Rossmetzgerei Lüthy ausgangs des Wuhrs hat sich kaum verändert. Nur gerade der Laden ist neu.

Ja, in diesem Haus lebte vor langer Zeit das Gretchen mit den langen, rabenschwarzen Zöpfen. Wir sassen zusammen im gleichen Schulzimmer, zuerst in dem der gestrengen Frau Kronauer, dann, im Schulhaus nebenan, in dem des milderen Walter Günter. Weil wir uns mochten, durfte ich das Gretchen ungestraft an seinen Zöpfen ziehen. Dafür liess ich es etwa beim Versteckenspielen oder beim Klettern an der Kletterstange gewinnen, und ich überreichte ihm kleine Geschenklein: es schöns Chräueli, Heugeli oder einen Schleckstengel, den ich beim «Emil Geiser» oder «Max Iff» hatte ergattern können.

Im Wuer

Einmal fragte mich meine Mutter, was ich eigentlich werden wolle. «Rossmetzger», erwiderte ich. «Warum grad Rossmetzger?» verwunderte sich Mutter. «Wöu i de einisch wott ds Greti Lüthy hürate», lautete meine Antwort. Als ich dann wenige Tage später am Schlachthaus vorbeikam und den Männern bei ihrer Arbeit zusah, änderte ich meine Zukunftspläne und erklärte zu Hause, ich hätte nun doch nicht vor, Rossmetzger zu werden. «U di Hürat mit em Greti Lüthy?» fragte Mutter lächelnd. Da sagte ich: «Hürate tue-n-is scho, aber metzge cha-n-äs de; äs verschteit meh dervo; i luege de eifach zum Lade.»

Der Musentempel
löste sich in Tränen auf

Die Reihe guter Bekannter aus meiner Jugend bricht nicht ab. Sie stehen am Weg, den mein Freund und ich eingeschlagen haben, und versuchen, sich an mich zu erinnern, der Möbu-Nyffeler, ds Chrämerhus u der «Turm». Heil haben sie die bisherigen Fährnisse einer neuen Epoche überstanden. Aber nicht alle alten Häuser und Betriebe, die von irgendwelcher Bedeutung gewesen, hat das Dorf vor dem Zugriff der Moderne bewahren können. Dafür hat seine Kraft denn doch nicht gereicht. Viele haben den Wandel der Zeit nicht überlebt. So ist auch, wie ich gerade feststellen muss, die Fuhrhalterei Gutjahr von der Bildfläche verschwunden. Ihr braves Rösslein und der Stall, in dem es seinen Hafer gefressen und auf Kunden gewartet hat, sind nicht mehr. Ein Trost, dass sie ein Plätzlein in der Dorfgeschichte gefunden.
Nun könnten wir ja in die Aarwangenstrasse einbiegen und zum Bahnhof fahren, um uns diesen anzusehen. Doch was hätten wir schon davon? Alle neuen Bahnhöfe gleichen sich wie ein Ei dem andern. Während wir werweissen, ob wir einen Abstecher auf den Hinterberg unternehmen sollen, bleiben meine Augen unversehens

an jenem Haus hängen, in dem seinerzeit der Summer Rüedu gelebt hat. Auf sein Töchterchen, ds Kläri, das ein richtiger Wildfang gewesen, hatte manch einer aus dem Dorf ein Auge geworfen. Der Vater wusste dies. Nur ungern liess er das Klärchen allein, wenn er sich zu den an die Maschinenfabrik Ammann angrenzenden Stallungen begab, um nach seinen vielen Kühen und Pferden zu sehen. Kurzerhand stellte er zwei Leibwächter in Dienst, die seine Tochter fortan zu beschützen hätten, Vorstehhunde, die so gross waren, dass sie wie ausgewachsene Kälber aussahen. Jeden Schritt, den sie hörten, hielten sie für verdächtig und schlugen sogleich wütend an. Musste man an dem Haus vorbeigehen, war man deshalb darauf bedacht, respektvollen Abstand zu wahren. Und hätte sich einer aus Neugier, die betörende Jungfer zu Gesicht zu bekommen, weiter vorgewagt, wäre er doch nur bis zum Gartentor gelangt, wo auf einem Schildchen deutlich zu lesen war: «Achtung! Bissige Hunde!»
Bevor wir unsere Fahrt fortsetzen, zollen wir dem Theater gebührende Achtung. Ehrfurchtsvoll schreiten wir vor dem Musentempel auf und ab. Ihm hat während all der Jahre, da andere Bauten um ihren Fortbestand haben bangen müssen, nichts passieren können. Schliesslich ist er das kulturelle Zentrum des Dorfes. Dessen eingedenk hat er sich einen neuen Titel verliehen und sich in eigener Kompetenz zum Stadttheater ernannt.
Höhepunkt im hiesigen Theaterleben meiner Kindheit war unbestreitbar die Aufführung des «Niklaus Leuenberger», bei der die eine Hälfte des Dorfes zusah, wäh-

rend die andere beim Stück mitmachte. Akteure und Publikum verschmolzen so zu einem einzigen. Im selben Augenblick, da es auf der Bühne zum offenen Aufruhr der unterdrückten Bauern gegen die Obrigkeit kam, braute sich auch im Zuschauerraum ein Unwetter zusammen. Das anschwellende Gemurre aus dem Dunkel der hinteren Ränge verhiess nichts Gutes. Als dann die verhassten Gnädigen Herren von Bern ins Scheinwerferlicht traten, allen voran der Schultheiss mit der stolzen Berüsse auf dem Haupt, das Zepter in der Hand und die kostbare Barettlikette um den Hals, schwappte die Empörung, die bereits das ganze Theater erfasst hatte, fast über. Die Unterdrückung des Landes durch die Stadt wurde plötzlich zur Gegenwart. Die Seele des Volkes erwachte. Seine Helden erstanden: der Tell, der Winkelried, und wie sie sonst noch alle geheissen. Sogar an den Tiroler Andreas Hofer schien man sich bei dieser Gelegenheit zu erinnern, vielleicht, weil auch er in einem Bergland zu Hause gewesen. Als oben auf der Bühne der Bauerngeneral im «Bärner Chefiturm» schmachtete, zitierte einer hinter mir den Vers: «Zu Mantua in Banden der treue Hofer lag.»

Für Langenthals Schüler gab's eine Sondervorstellung. Das hättet Ihr sehen sollen. Das Stück nahm uns ganz gefangen. So merkten wir schliesslich gar nicht mehr, dass wir uns ja im Theater befanden und alles nur Spiel war. Es störte uns nicht im mindesten, als im Heerlager der aufständischen Bauern plötzlich der Lugibüu Bäri auftauchte. Er hatte einen Helm auf dem Kopf und stützte sich auf einen langen Spiess. Neben dem massigen Krieger nahm sich der Niklaus Leuenberger, der erschienen war, um seine Truppen zu inspizieren, wie der Suppenkaspar aus. Und beim Schlussgefecht im Friedhof zu Herzogenbuchsee, da man ob des anhaltenden Kanonendonners kein Wort verstehen konnte und das Theater in Flammen aufzugehen drohte, nahmen wir den beissenden Rauch und den Geruch von Schwefel, der einen an faule Eier gemahnte, gerne in Kauf. Die atemlose Spannung, in die uns die Ereignisse auf der Bühne versetzten, entschädigte einen für derart geringfügige Ungereimtheiten und Unbequemlichkeiten reichlich.

Vom raschen Fluss der Handlung getragen, trieb nun das Geschehen seinem dramatischen Ende entgegen. Die Gattin des zum Tod verurteilten Bauernführers warf sich vor den Gnädigen Herren von Bern auf die Knie und flehte um Gnade für ihren Mann. Im Zuschauerraum blieb kein Auge trocken. Langenthals Jugend tat sich keinen Zwang an und weinte. Aber die Gnädigen Herren liessen sich dadurch nicht erweichen. Da fing der feinfühlige Heinz Garraux, der mein Freund war und in meiner Nähe sass, zum Herzzerbrechen zu schluchzen an. Dies wirkte ansteckend. Das Theater löste sich in Tränen auf. Erst der fallende Vorhang setzte der allgemeinen Traurigkeit ein Ende, und der nun losbrechende Beifall erlöste auch meinen Freund aus seiner Pein. Als sich zu denen, welche die Ovationen entgegennahmen, schliesslich noch der mächtige Krieger gesellte, der seine Bassgeige für einmal mit einem Spiess vertauscht hatte, wollte der Applaus überhaupt nicht mehr aufhören.

Indes, das Theater ist beileibe nicht die einzige Musenstätte des Dorfes. Da gibt es zum Beispiel den grossen

Saal des «Bären», der sich vornehmlich der Kammermusik verschrieben hat. Schon manches Ensemble von Rang hat den weiten Weg nach Langenthal nicht gescheut, um im «Bären» aufzutreten.

Auch im alten «Kreuz» war die Kunst ein gern gesehener Gast. In seinem grossen Saal veranstaltete die Literarische Gesellschaft Langenthal Lesungen. Die letzte, bei der ich zugegen war, bestritt der inzwischen verstorbene deutsche Dichter Ernst Wiechert. Noch heute sehe ich das Gesicht des hageren Mannes vor mir. Wohl hatte sich der Aufenthalt in einem Konzentrationslager darin einzuzeichnen vermocht, doch war es ihm nicht gelungen, das Antlitz zum Erlöschen zu bringen.

Einmal war sogar das ferne China im «Kreuz» zu Besuch. Die Ausstellung wurde von Missionaren durchgeführt. Ich war damals noch ein Kind. Allein das Wort «China» verzauberte mich. Vom Hörensagen wusste ich bereits, dass dieses Land fast auf der unserem Dorf entgegengesetzten Seite der Erdkugel lag und seine Menschen Schlitzaugen hatten und eine Haut, die gelb war wie eine Zitrone. Man erzählte sich auch, China sei so riesig, dass sein letzter Kaiser vom Augenblick an, da er die Herrschaft über das Reich erlangt, ununterbrochen in seiner Sänfte unterwegs gewesen sei, um wenigstens einmal in seinem Leben jede der unzähligen Provinzen besucht zu haben. Bevor er jedoch dieses Ziel erreicht, sei er dann altershalber gestorben.

Neben vielen andern Dingen waren vor allem Kleidungsstücke und Gebrauchsgegenstände des täglichen Lebens ausgestellt. Am meisten beeindruckten mich die elfenbeinernen Kratzhändchen, mit denen sich nach

Blick vom Turm des Langenthaler Musentempels

10.6.83 P.SL.
v. Theatertürmli

Angabe eines der Missionare die vornehmen Mandarine und deren Frauen am Rücken gekratzt hätten, wenn er sie gejuckt habe. Ich dachte an meinen eigenen geplagten Rücken, der mich den ganzen Winter durch juckte, weil ich zu dieser Jahreszeit wollene Leibchen tragen musste, und ich warf immer wieder einen sehnsüchtigen Blick auf die Kratzhändchen aus dem Fernen Osten.

Inmitten des Saals sass ein porzellaner Buddha, der hohl war und oben am Kopf einen Schlitz hatte, um das Geld für die armen Chinesen in Empfang nehmen zu können, das die Besucher der Ausstellung einwarfen. Selbst für die kleinste Münze bedankte sich der Buddha, indem er mit dem Kopf nickte und lächelte. Deshalb war er so plaziert, dass ihn jedermann sehen konnte, wenn er nickte und lächelte, und auch derjenige gesehen wurde, dessetwegen er sich bedankte.

So vollbrachte denn der porzellanene Buddha ein kleines Wunder im Dorf. Die Langenthaler — zumindest jene, die die Ausstellung besuchten — entdeckten ihre christliche Nächstenliebe, wobei es allerdings etlichen ungeheuer schwerfiel, daran zu glauben, dass Geben wirklich seliger sei denn Nehmen.

Aubott louft e nöij Chue d'Märitgass ab

Es flösse kein echtes Langenthaler Blut durch meine Adern, zöge es mich nicht immer wieder i d'Märitgass, die ja seit je der Mittelpunkt des dörflichen Geschehens gewesen. Also fahren mein Freund und ich nochmals zum Choufhüsi. Schon in meiner Jugend kam man mindestens einmal pro Tag hieher, um zu sehen oder zu erfahren, was sich in Langenthal so tue. Das geflügelte Wort «Aubott louft e nöij Chue d'Märitgass ab» besagte jedenfalls, dass es dem Dorf nicht an aufregenden Vorkommnissen gebrach. Die Kunde davon ging dann eben immer zuerst in der Märitgasse von Mund zu Mund, die gleichsam die Nachrichtenzentrale des Ortes war. Doch noch ehe man die Neuigkeit auch in Langenthals hinterstem Winkel richtig hatte auskosten können, erschien oben beim «Löije» scho wieder e nöij Chue, um dür d' Märitgass z'loufe. Der Vorfall, der noch eben die Gemüter bewegt, geriet so schon bald wieder in Vergessenheit.
Sich in der Märitgasse zu zeigen, war das Bestreben jeden Langenthalers, hatte er hiefür einen triftigen Grund. Gassauf, gassab stolzierten die frischgebackenen Zugführer des Kadettenkorps, die Jünglinge nach

der Konfirmation, um in aller Öffentlichkeit den ersten Stumpen zu rauchen, und die eitlen Langenthalerinnen, wenn es galt, ein neues Kleid, einen neuen Hut oder nigelnagelneue Schuhe auszuprobieren. Und in der uralten Gasse, deren Schirmherr ds Choufhüsi war, traf sich sonntags bei schlechtem Wetter das halbe Dorf, als sei dies so vereinbart gewesen, damit jedermann Gelegenheit habe, sich mit seiner Präsenz den Mitbürgern gegenüber wieder einmal in Erinnerung zu bringen. Was Wunder, dass man hier immer die gliche Gringe zu sehen bekam.
Selbst die «Eidgenössischen», die zu meiner Zeit in Langenthal stattfanden, endeten stets in der Märitgasse. Der krönende Festzug marschierte jeweils vom «Löije» her die Gasse hinunter, am Choufhüsi vorbei und bog dann links in die Bahnhofstrasse ein. Auch alle andern Umzüge nahmen diesen Weg. Seltsam, es war der des Baches, wenn dieser schon beim Löijebrüggli ausbrach, um mit lautem Getöse wieder einmal mitten durch sein Dorf zu fliessen. Nur der abenteuerliche Hans Schwarz, der in den dreissiger Jahren nach seinem Ritt durch Rumänien auch Langenthal einen Besuch abstattete, zog mit seinem Gefolge, hoch zu Ross und eine rumänische Bärenfellmütze auf dem Kopf, in umgekehrter Richtung durch die renommierte Gasse. Indem er sie nach einem Umzüglein durch die Bahnhofstrasse wenigstens überquerte, erwies ihr auch — dies ebenfalls in den dreissiger Jahren — der Filmschauspieler Hans Albers die Ehre, bevor er in seinem Kamelhaarmantel in den «Bären» einzog.
In erster Linie war die Märitgasse natürlich für den

Märit da. Deshalb verwandelte sie sich Dienstag vormittags in einen Blumen-, Obst- und Gemüsegarten. Dann machten die Lädeli beidseits der Gasse weit ihre Türen auf, um den Wohlgeruch hereinzulassen, den diese auf einmal ausströmte, vielleicht aber auch, um an dem vergnüglichen Treiben draussen teilhaben zu können. Die gwundrigen Langenthalerinnen liebten es, den ganzen Märitchehr zu machen, damit sie überall ein wenig schnöigge konnten. Doch letztlich deckten sie sich immer am gleichen Stand mit den Gaben des Landes ein; dies war ihnen zur Gewohnheit geworden. So spannten sich zwischen den Häusern des Dorfes und den verstreuten Gehöften seiner Umgebung unsichtbare Fäden. Die Beziehungen, die sie zueinander hatten und die anfänglich rein geschäftlicher Natur gewesen, waren längst zu menschlichen geworden.

Gegen Martini kamen dann die Bauersleute auf ihren Fuhrwerken in Langenthal angefahren, um den Kunden die Kartoffeln und Äpfel für den Winter zu bringen. Männiglich half beim Abladen wacker mit. Die Bäuerin selbst liess ihre kräftigen Armmuskeln springen, wenn es galt, die schweren Säcke und Harasse in den Keller hinunterzutragen. Nach getaner Arbeit setzten sich Dörfler und Bauersleute in der guten Stube zusammen, um bei einem Stück Kuchen und einem Kaffee ihre Probleme voreinander auszubreiten. So lebten denn das grosse Dorf und das Land, das jenes umgab, in Frieden und Eintracht zusammen und ergänzten sich aufs beste.

Mich friert, wenn ich sehe, was aus meiner lieben, alten Märitgasse geworden ist. Da besteht kein Zweifel, das

Märitgass

Langenthal

Herz des Dorfes ist krank, hoffentlich nicht so schwer, dass es durch ein vollständig neues, künstliches ersetzt werden muss. Könnte ein Dorf mit einem künstlichen Herzen überhaupt leben?

Auch in der unteren Märitgasse finde ich mich nicht mehr zurecht. Umsonst suche ich die Konditorei, in der meine einstige Schulkameradin, ds Gritli Meier, gross geworden ist. Und was ist mit der Migros passiert? Sie hat doch seinerzeit auch hier gestanden. Ja, ihre Geschichte ist ein Kapitel für sich.

Als sie, fast in der Dorfmitte, einen Laden auftat, ward bald ruchbar, dass man darin wohlfeiler kaufen könne als anderswo. Die Geschäftsleute an der oberen Märitgasse indessen, die, stellten sie sich vor ihre Ladentür, akkurat zur Migros gucken konnten, lachten sich ins Fäustchen, weil sie dachten, der Neuling werde allemal bald jämmerlich Pleite machen; denn sie waren ihrer Kundschaft so sicher, dass hierüber gar kein Zweifel bestehen konnte. Sie hatten sich verrechnet. Der Neuling ging nicht pleite, sondern gewann dank gefälliger Preise immer neue Käufer. Da kam den Alteingesessenen die Vorstellung, ein frecher Kuckuck habe ein Ei in ihr Nest gelegt, und sie grübelten darüber und berieten sich miteinander, was zu unternehmen sei, um das Ei aus dem Nest wieder hinauszubefördern. Schliesslich hatten sie eine Lösung gefunden. Krämer, Konditor- und Metzgermeister sowie alle andern, die sich gegen die Migros verschworen, passten gut auf und trugen jeden, den sie in den Laden gehen sahen, in ein Notizbüchlein ein. Dem Sünder zeigten viele Leute fortan die kalte Schulter, und die Damen aus den feinen

Häusern beschleunigten, mussten sie an dem Geschäft vorbei, ihren Schritt und rümpften die Nase.

Die von der Migros kamen sich bald wie die Besatzung einer belagerten Burg vor, die auszuhungern und dadurch zur Aufgabe zu zwingen die Belagerer anstrebten. Aber sie liessen sich nicht unterkriegen. In einem dunklen, winkligen Gässchen, das die eine grosse Gasse mit der andern verband und sich den Blicken der Neugierigen entzog, machten sie einen neuen Eingang auf, durch den die Ängstlichen unbemerkt in den Laden gelangen konnten. Die mit den Notizbüchlein mussten nun jedesmal, wenn einer in diesem Gässchen verschwunden war, zur Strassenecke rennen, von wo aus man auch sein anderes Ende beobachten konnte, wollten sie feststellen, ob der Verdächtige den vermaledeiten Durchgang bloss als Abkürzung benutzte, oder ob er erst nach so langer Zeit wieder zum Vorschein kam, dass seine Hinterlist feststand und somit ein Eintrag ins Büchlein angezeigt war.

Doch zu guter Letzt kauften auch die Damen aus den feineren Häusern in der Migros ein, weil dort die Ware billiger war und sich so Geld sparen liess. Anfänglich schickten sie das neue Stubenmädchen hin, das man im Dorf noch nicht so recht kannte. Aber nachdem das einfältige Gänschen ein paarmal das Falsche nach Hause gebracht, tat schliesslich die Frau Doktor selbst den verpönten Gang, spähte nach links und nach rechts und zog tief den Kopf ein, bevor sie, flugs, im Gässchen verschwand. O weh! alle Vorsicht war umsonst gewesen. Just in dem Augenblick, da die Frau Doktor wieder aus dem Gässchen schlüpfte, kam der Krämer daher, grüsste ehrerbietig und warf einen Blick auf die prall gefüllte Tasche der Frau. Wenige Tage danach — es war schnell von Mund zu Mund gegangen — stellte dann der Herr Doktor seine Gemahlin zur Rede und donnerte, was sie getan, sei ein Skandal. Frau Doktor ertrug das Schimpfen nicht. Sie ging aus Trotz wieder in die Migros. Und ei! wen traf sie dort? die Frau Direktor von nebenan und Frau Oberst X. Da gab sich der Doktor geschlagen, und auch die Verbündeten von der oberen Märitgasse kapitulierten. Wenn schon der Herr Direktor selbst und sogar das hohe Militär es billigten, dass man in der Migros kaufte, wer wollte sich da noch unterstehen, das Geringste dagegen einzuwenden? Von da an betrat männiglich die Migros wieder durch den Haupteingang. Der Belagerungsring war gesprengt, und die Läden an der Märitgasse merkten bald einmal: Trotz des Neulings liess es sich noch immer ganz gut — und mit diesem zusammen sogar in Eintracht leben.

Der gute Geist
beim Liseli vo der Greppe

Als das neue Zeitalter anbrach, sank d'Greppe, weil sie von alledem, was die Moderne einem bescherte, nichts wissen wollte, kurzerhand in einen Dornröschenschlaf. Daraus hat sie bis anhin niemand wecken mögen. Es wäre grausam, die Schlafende einfach so wachzurütteln und mit einem Schlag in die rauhe Gegenwart zu versetzen. Hat einer ein Auge dafür, kann er die Spinnweben sehen, mit denen die Jahre diesen Teil des Dorfes überzogen haben. Darunter liegt die Zeit, in der man noch ein Kind gewesen und in die zurückzukehren einen im Alter immer häufiger gelüstet. Aber eben, da gibt es dieses hauchdünne Netz aus Spinnweben, das sich über die Vergangenheit spannt. Es ist zu zart, als dass es zerrissen werden dürfte.
Also ist in der Greppe mehr oder weniger alles beim alten geblieben. Sogar das Stöckli, in dem einst unsere Glätterin, ds Liseli, gewohnt hat, steht noch. Schon in meiner Kindheit schien es ziemlich betagt, und es hatte allerlei Gebresten. Inzwischen ist auch dieses Häuschen um mehr als ein halbes Jahrhundert älter geworden, und es atmet und lebt noch immer. Wie sollte man da nicht an Wunder glauben?

Schon eine Woche vor der grossen Wäsche schickte mich Mutter jeweils nach dem Abendessen zum Liseli, damit ich es zur Stör bestelle. Um zu seiner Wohnung zu gelangen, in der es schlief und die einsamen Sonntage verbrachte, musste ich eine steile Holztreppe hinaufsteigen. Die stille Frau, die sich nie unzufrieden zeigte und nie klagte, besass keine Angehörigen. Dennoch war sie nicht allein. Sie lebte mit dem guten Geist des Hauses zusammen und mit einer Standuhr, deren gemächliches Ticken mich darüber belehren wollte, dass die Zeit selbst es gar nicht so eilig habe, sondern jedem Ding seine Weile gewähre, damit es nichts überstürze. Die Menschen trieben die Zeit zur Eile an, weil sie nicht imstande waren, sich des Augenblicks zu erfreuen. «Eile mit Weile!» dachte ich. Mir dämmerte, was Geduld bedeutet, und plötzlich fiel es mir wie Schuppen von den Augen: Die Frau, die mir lächelnd beim Kaffeetrinken zusah, hatte nicht nur das Glätten erlernt, nein, sie beherrschte zusätzlich die schwerste aller Künste, die Kunst, warten und sich bescheiden zu können.

Während ich meinen Kaffee trank, machte sich der Geist des Hauses bemerkbar, der zusammen mit der gemütlich tickenden Standuhr das Leben der Frau teilte. Weil es sich, wie bereits erwähnt, um einen guten Geist handelte, tat er mir nichts zuleide. Er gab bloss ein geheimnisvolles Knarren von sich, das erst über den Fussboden, dann entlang der Decke lief, um sich schliesslich in das altmodische Buffet zu verziehen, wo der Geist wohl seinen angestammten Platz hatte. Um zu zeigen, dass er nicht etwa schlafe, sondern für das, was die Glätterin und ich einander erzählten, ganz Ohr sei,

I der Greppe

klopfte er ab und zu von innen leise an das wurmstichige Holz des Buffets.

Ging ich zum Liseli vo der Greppe, nahm ich manchmal meine Geige und ein paar Notenhefte mit. Dann begab ich mich anschliessend zum Toni Schneeberger, der in der Schule neben mir am gleichen Pult sass. Mein Klassenkamerad wohnte im «Schuhmacher-Schneeberger-Haus» unten an der Melchnaustrasse. Darin stand ein Harmonium, auf dem Toni nicht minder gut spielte als ich auf der Fiedel. Weil ihm die Musik der Barockzeit über alles ging, hatte ich Sonaten und Konzerte von Tartini, Corelli, Vivaldi und Händel mitgebracht. Beim Musizieren gerieten wir stets in einen solchen Eifer, dass wir die Zeit ganz vergassen, die es hier eiliger zu haben schien als beim Liseli. Deshalb war es meistens schon spät, wenn ich mich von Schneebergers verabschiedete. Noch später wurde es, zog ich am Ende des Konzerts verlegen mein Geometrieheft zwischen den Notenblättern hervor. Dann lächelte Toni verständnisvoll. Er wusste, dass vor allem die konstruierende Geometrie für mich ein Buch mit sieben Siegeln war. Bereitwillig half er mir beim Aufgabenmachen, damit ich mich in der nächsten Geometriestunde, riefe mich der Celli an die Wandtafel, nicht blamieren müsste.

Auf dem Heimweg gingen mir nochmals all die wunderbaren Melodien durch den Sinn, die mein Freund und ich zusammen gespielt hatten. Unwillkürlich geriet ich dabei ins Träumen und ins Schlendern, so dass die Zeit doch schliesslich die Geduld verlor und mir davonlief. «Lauf nur!» rief ich vergnügt und blieb vor dem Gehöft des Bauern Chiuchemaa stehen, um ein wenig dem

Rauschen des Brunnens zu lauschen und die Wärme zu fühlen, die aus dem Stall kam und mir von den Tieren, die darin schliefen, gespendet wurde.

Im Hochsommer und Herbst zog manchmal die ganze Familie durch die Greppengasse hügelwärts. Auf dem breiten Rücken des Hinterbergs ging's dann in den grossen Wald, in Richtung Aspi oder Hasubrünneli, welche Gebiete, je nach Jahreszeit, von Heidelbeeren oder Pilzen nur so wimmelten.

Zuweilen schickte Mutter meinen Bruder Hermann und mich allein in diesen Wald, um Heidelbeeren für den Heitischturm zu sammeln, der am Ende eines heissen Augusttags die willkommene Mahlzeit war und einem so trefflich mundete, dass man davon nie genug bekommen konnte. Deshalb liessen Hermann und ich uns beim Beerenlesen durch nichts stören. Wir unterbrachen unsere Arbeit nur, um das Butterbrot zu verzehren, das Mutter uns mitgegeben hatte, oder wenn wir mal mussten.

Auf dem Heimweg tat mir mein Rücken vom ständigen Sichbücken weh. Aber ich biss die Zähne zusammen und hütete mich, mir etwas anmerken zu lassen oder gar zu jammern. Mein älterer Bruder hätte mich bloss ausgelacht und einen Höseler geschimpft.

Das Beerenlesen kam mir meist noch im Traume vor: Unaufhörlich ging ich mit gekrümmtem Rücken von Heidelbeerstrauch zu Heidelbeerstrauch, ohne ein einziges Mal aufzuschauen. Die Beeren wurden grösser und grösser, und ich sah, wie sie mich zu sich heranwinkten, so dass ich fast ins Laufen kam und mich immer weiter von meinem Bruder entfernte. Auf einmal vermeinte ich seine Stimme zu hören. Zwar verstand ich nicht, was er mir zurief, aber ich wusste genau, dass er mich warnen wollte — vor dem Heidelbeerkönig, der über alle Heidelbeeren des riesigen Waldes gebot und die Kinder, die sie sammelten, immer tiefer in sein Zauberreich lockte, bis sie dessen Ausgang nicht mehr finden konnten.

Staken die Roths in der Sonntagsmontur, liessen sie den grossen Wald rechts liegen. Unser Bummel beschränkte sich auf die gepflegten Wege des Hinterbergs. Ziel war dann das Gehege, in dem Langenthals Hirsche herumstolzierten.

Kamen wir bei diesem Spaziergang an der Villa Gugelmann vorbei, hielten wir unwillkürlich in unserem Geplauder inne und warfen einen ehrfürchtigen Blick auf das Haus. Tief in seinem Wesen verwurzelt war die Achtung des Langenthalers vor jener Familie, der das grosse Dorf zu einem guten Teil seinen Aufschwung und sein Wohlergehen zu verdanken hatte.

Der Wale lernte in der alten Markthalle boxen

Nur eine Strasse liegt zwischen dem versponnenen Geiser-Spycher, der nach der guten alten Zeit und regennassem Holz riecht, und dem Denner. Vergangenheit und Gegenwart stehen sich hier auf eine sehr eindrucksvolle Weise gegenüber. Ich brauche bloss ein paar Schritte zu tun, um aus dem vorigen ins jetzige Jahrhundert zu gelangen. «Da bin ich, und da bleibe ich», kriegt jeder von dem anreisserischen Denner-Block zu hören, der sich mit dessen Präsenz noch nicht hat abfinden können. Schliesslich ist ja auch der Markthalle nichts anderes übriggeblieben, als sich an den Anblick des Neulings zu gewöhnen, der sich ihr als Nachbar aufgedrängt hat.
Nachdem ich die Strasse überquert habe, drehe ich mich nach dem Häuschen aus dem vorigen Jahrhundert um und sage ihm im stillen ade; denn ich weiss ja nicht, ob ich es jemals wiedersehen werde. Ja, auch in diesem Teil des Dorfes hat der Abbruch vertrauter Häuser manch schmerzliche Lücke hinterlassen. Ich denke da in erster Linie an Kilchenmanns Hof. Gefühlsduselei sei in diesem Fall fehl am Platz, könnten mir diejenigen entgegenhalten, die sich mit der «Neustrukturierung» der

Gemeinde befassen. Man stelle sich vor: ein bäuerliches Anwesen gleichsam im Kerngehäuse des Agglomerationskerns der Agglomeration Langenthal! — es ist nicht auszudenken.

Mein Blick wandert nun hinauf zum Pfarrhaus und von dort zur Kirche. Doch hier endet die Wanderung der Augen; es beginnt die der Gedanken. Sie betreten den Friedhof, der hinter seiner Kirche liegt, und suchen einzelne Gräber auf. Darin ruhen einstige Schulfreunde, die aus Gründen, die unsere Allwissenheit nicht zu erforschen vermag, bereits abberufen worden sind: der Fritz Lappert und der Fritz Marti, die mir ihrer Kameradschaftlichkeit wegen ein Vorbild gewesen, der Ruedi Eigenmann, mit dem zusammen ich im Sommer 1935 eine Velotour durch Süddeutschland unternommen habe, und ds Rosmarie Gerber, das ein richtiger Engel und die Güte selbst gewesen ist.

Natürlich sind nicht alle meiner verstorbenen Jugendgefährten in der Heimaterde begraben. Als die Schule endgültig aus und damit die Kindheit zu Ende war, zerstreute sich halt auch unsere Klasse in alle Winde.

Markthalle und Marktplatz stecken ebenfalls voller Erinnerungen. Auf der Bühne, die man aus Anlass des Eidgenössischen Schützenfestes in der Halle errichtet hatte, trat ich als Sekundarschüler zum zweitenmal in meinem bisherigen Dasein öffentlich auf. Mein erster Auftritt, bei dem ich mich als Violinvirtuose der Öffentlichkeit präsentiert, war, wie dies ja im Büchlein «D'Langete chunnt» zu lesen ist, an Weihnachten 1925 im hiesigen Kindergarten erfolgt. Nun, den zahlreichen Schützen, die der ewigen Knallerei müde waren und es satt hatten, immer nur aufs Schwarze zu zielen, bedeuteten die Abendveranstaltungen in Langenthals Markthalle eine willkommene Abwechslung. Auf ihrer Bühne wurde gar vieles geboten, was die ermüdeten Augen und Ohren wieder zu beleben vermochte.

Den Höhepunkt des Abends bildete — jedenfalls nach Ansicht derer, die dabei mitwirken durften — Gustave Dorés Festspiel «Fête des vignerons». Im Verein mit andern musischen Schülerinnen und Schülern, welche die Gnade ihres Gesanglehrers Bömps gefunden, tanzte ich mit einem Klassenkamerädlein einen Schäfertanz.

Geiser-Spycher

Beide waren wir denn entsprechend gekleidet. Und während wir uns im Kreis drehten, zitternd vor Angst, wenn uns das Lampenfieber übermannen wollte, oder bebend vor Erregung, hatte uns der künstlerische Ehrgeiz gepackt, sangen wir das Lied: «Lasset uns tanzen unter dem Baum...». Auf einmal wurde es dann in der grossen Halle mäuschenstill. Eine glockenreine Knabenstimme erhob sich. Res Obrist von der Mühle Aarwangen, der den anmutigen Geissbuben spielte, sang das strahlende «Auf einsamer Höh». Pochenden Herzens drückten wir ihm den Daumen, damit seine Stimme von der schwindelnden Leiter des Falsetts nicht herunterfalle, und wir atmeten auf, wenn es unser Geissbueb geschafft hatte und der riesige Raum vom tosenden Beifall der Schützen dröhnte.

Übrigens trug die Halle, in der dies alles geschah, den stolzen Namen «Neue Markthalle Langenthal». Man hatte ihr diesen Titel zu Recht verliehen; denn sie war wirklich noch sehr jung und zudem überaus kräftig gebaut. Die alte, hölzerne Markthalle, die das Zeitliche gesegnet, war weniger stattlich gewesen und hatte immer so unappetitlich gerochen, weil sich in ihrem Innern eine Bedürfnisanstalt befunden.

Es war weniger sein Viehmärit, mit dem der Marktplatz die Jugend anzulocken vermochte. Eine geradezu magische Anziehungskraft übte er auf unsereinen dann aus, wenn er sich in einen Rummelplatz verwandelt hatte. Kaum waren Schaubuden, Karussell, Schiffschaukel und Geisterbahn aufgestellt, gerieten wir schon in ihren Strudel, und brach die Nacht an, versanken wir in einer Flut von Licht. Zwischen dem glitzernden Flitter funkelten betörend die Augen der Mädchen. Dann kamen die vielen Damen- und Herrenfahrräder, die sich auf dem Rummelplatz eingefunden hatten, ins Zirkulieren. Doch plötzlich entflohen sie all dem Lärm und Licht, als hätten sie dies miteinander vereinbart. Und schon bald danach begann auf dem Weg, der entlang der Langete verlief, ein geheimnisvolles Tuscheln und Kichern. Sogleich hüllte der Bach es in sein Rauschen ein, um es den Ohren derer zu entziehen, die darauf hätten eifersüchtig werden können. Das Blut der Langenthaler Jugend war in Wallung geraten. Ein allgemeines Karisieren ging an. Aber weil die Gefühle der Zuneigung sich noch nicht so recht trauten, aus sich herauszugehen, gab man sich mit Händchenhalten und ein paar zärtlichen Worten zufrieden. Ein flüchtiger Kuss, bei dem sich die Lippen kaum berührten, war das Äusserste, was man wagte.

Eine der Schaubuden pries marktschreierisch einen Boxer an, der während seiner langen Karriere noch in keinem einzigen Kampf unterlegen sei, und den man für ein bescheidenes Eintrittsgeld bei der Arbeit sehen könne. Einen Fünfliber als Siegespreis versprach die Ansagerin mit sich überschlagender Stimme dem, der den berühmten Mann zu bezwingen vermöchte. Dieser selbst hatte sich inzwischen vor dem Publikum aufgebaut und liess seine Muskeln spielen. Einer der Siegfriedgiele aus dem Haldenquartier, der Wale, nahm die Herausforderung an. Die Bude konnte all die Langenthaler kaum fassen, die sich nicht entgehen lassen wollten, wie ihr Sigu den Kraftmeier das Fürchten lehren würde. Der Wale ging denn auch als Sieger aus dem Kampf hervor und liess nicht locker, bis man ihm den Fünfliber auszahlte, den er sich redlich verdient hatte.

Die sportliche Laufbahn Walter Siegfrieds, der Schweizer Meister im Fliegengewicht und mit sechzehn Jahren der erfolgreichste Schweizer Boxer an der Berliner Olympiade von 1936 gewesen ist, hat ihren Anfang in Langenthals alter Markthalle genommen. Auf ihrer Heubühne, zu der man nur über eine Leiter gelangen konnte, trainierte er unermüdlich zusammen mit ein paar andern Unentwegten. Manchmal öffnete er gerade die Schiebetür des Heubodens, wenn ich an der Markthalle vorbeikam, um frische Luft hereinzulassen und hiebei ein wenig zu verschnaufen. Dann winkte er mir leutselig und zeigte mir auf diese Weise sein Wohlwollen. Dafür liess ich ihn später in der Unterweisung gewähren, versetzte er mir, während ich das Vaterunser aufsagte, von hinten schnell einige Boxhiebe, die sich wie feine Nadelstiche anfühlten. Musste ich dann mitten im Gebet lachen, was der Sigu ja gewollt, starrte mich Pfarrer Schneeberger ganz entgeistert an. Nie hätte er von mir gedacht, dass ich selbst dann, wenn ich mich an unsern Herrgott wandte, nur Flausen im Kopf hatte.

Die oberi Farb ist zur Moderne übergelaufen

Ich würde mit Zählen nicht fertig, wollte ich herausbekommen, wie viele Male ich in meiner Jugend durch den Aume gezogen bin, hinauf und hinunter, bei meinen Abstechern zur Hambühlhöhle, zum Bürgisweiher, auf die Hohwacht, nach Steckholz oder auch nur zum Ischweiher, um dort mit Schulfreunden ein bisschen Chriegerlis zu spielen oder sonst allerhand Schabernack zu treiben. Auch auf dem gesitteten Sonntagsbummel mit den Eltern kam ich oft durch dieses Quartier, das sich durch die Ausflügler und Spaziergänger nicht aus der Ruhe bringen liess. Wie hätte es ihm auch möglich sein sollen, sich aufzuregen, da es doch meistens schlief? Dass es dies tat, begriff jedermann; denn hier war es still wie in einer Kirche. Selbst unten auf dem staubigen Strässchen, das nach Steckholz und weiter nach Melchnau führte, war selten einer unterwegs. Und holperte darauf doch gelegentlich ein Fuhrwerk in die ländliche Abgeschiedenheit hinaus, war sein Gerumpel nur kurze Zeit zu hören. Sogleich wurde es schwächer, hatte das Gefährt den Rank am Fusse des Hinterbergs genommen, und kurz danach verstummte das Gerumpel gänzlich. Die schweigsamen Wälder links und rechts vom

Strässchen hatten es verschluckt, damit es sie nicht bei ihrer Andacht störe.

Ist man auf dem obersten Punkt des Quartiers angelangt, atmet man bereits ein wenig Höhenluft. Guckt einer von hier aus zur Kirche, kommt's ihm vor, als habe sie sich, während er wacker bergan marschiert, hinter seinem Rücken kleiner gemacht.

Anscheinend ist der Aume um die «Verschönerungskur» herumgekommen, der sich sein geplagtes Langen-

Underi Farb

thal hat unterziehen müssen. Die wenigen Zuzüger, denen die hier herrschende Ruhe besser gefällt als der «Stadtlärm» im Zentrum des Dorfes, fallen kaum ins Gewicht.

Weil noch etliches auf unserm Programm steht und deshalb die Zeit drängt, heisst es, auch von diesem schönen Zipfel des Dorfes Abschied zu nehmen. Wir fahren zur Farb. Nachdem diese in den vierziger Jahren teilweise abgebrannt ist, haben sich underi und oberi Farb entzweit und leben seither getrennt. Während die oberi Farb zur Moderne übergelaufen ist, hat die underi für ihr Erbgut Sorge getragen und ihre alten Häuser unangetastet gelassen. Nur in einem Fall ist ihr nichts anderes übriggeblieben, als sich dem Willen des Zeitgeistes zu beugen. Sicherlich hat ihr der Abbruch vom Chäserhus nicht weniger weh getan als mir seinerzeit das Ziehen eines Eckzahns. Der Anblick der unteren Farbgasse erinnert mich denn auch stark an meine damalige Zahnlücke, die so scheusslich ausgesehen hat, dass ich eine Zeitlang überhaupt nicht mehr richtig habe lachen dürfen.

Lange vor dieser leidigen Geschichte mit dem gezogenen Eckzahn kam ich zweimal in der Woche durch die Farb — es war während meiner Kadettenzeit —, um mich zu Herrn Musikdirektor Schmidtke zu begeben, der in einem alten Haus vis-à-vis der ehemaligen Schiggoreefabrik wohnte und mir das Klarinettespielen beibrachte. Ich war der schrillen Töne des Pikkolos, das in der Kadettemusig dem vielen Blech gegenüber ohnehin nichts zu bestellen hatte, überdrüssig geworden. Weil ich indessen dem Holz treu bleiben wollte, gedachte ich, mich in dem renommierten Musikkorps wenigstens zum Klarinettisten befördern zu lassen. Dank des vorzüglichen Unterrichts, den mir der Herr Musikdirektor erteilte, wurde mein Vorhaben schon bald zur Wirklichkeit. Nicht bloss das:

Weil ich so gut Klarinette blasen konnte, fragten mich eines Tages zwei Schulfreunde, der Bangerter Kurt und der Hämmerli Fritz — beide Meister im Ziehharmonikaspielen —, ob wir nicht an der bevorstehenden

Fastnacht (1935) zusammen Ländlermusig machen wollten. Ich dachte an den Spass, den wir an der Sache haben würden, und willigte unverzüglich ein. So fuhren wir drei denn, als es soweit war, auf einem geschmückten Brügiwage, der von einem munteren Pferdchen gezogen wurde, musizierend durch Langenthals Gassen. Auch sämtliche Gaststätten klapperten wir gewissenhaft ab, damit ja niemand zu kurz komme, und wir sagten nicht nein, steckte man uns ab und zu ein paar Geldstücke zu. Es freute uns, dass unsere Ländlermusig den Leuten gefiel.

Weniger begeistert schien der Rektor der hiesigen Sekundarschule, als er erfuhr, was drei seiner Zöglinge während der Fastnacht getrieben. Nachdem ich in einer seiner Unterrichtsstunden an der Wandtafel mit Ach und Krach einen mathematischen Lehrsatz rekonstruiert hatte, musterte mich der Celli von oben bis unten, wobei allerdings ein schalkhaftes Lächeln aus seinen Augen guckte. Dann sagte er: «Du chasch jitz wieder ga höckle — du Fasnachtsgöüggel.» Unmittelbar nach diesem Ausspruch griff der Celli zur Kreide und setzte unter meine mit zitternder Hand geschriebenen Zahlen und Formeln sein bekanntes «w.z.b.w. (was zu beweisen war)», auf das er stets grössten Wert legte.

Beim Rumipark halten wir kurz an. Bänke und Bäume säumen den langweiligen Platz. Ich schliesse die Augen und höre sogleich ein lautes und fröhliches Gekreische. Ja, genau da, wo sich jetzt der nüchterne Platz befindet, ist unsere alte Badeli gewesen. An welcher Stelle mag die hohe Bretterwand gestanden haben, die das Frauen- vom Männerbad getrennt hat? D'Plumpi (Becken für

Schwimmer) der Männerabteilung und d'Plumpi der Frauenabteilung waren durch ein unterirdisch verlaufendes Rohr miteinander verbunden, durch das e Megerlig gerade noch zu schlüpfen vermochte. Dieser Umstand bot ganz guten Tauchern, die auch den hiefür erforderlichen Wagemut besassen, Gelegenheit, der Frauenabteilung von Zeit zu Zeit einen kurzen Höflichkeitsbesuch abzustatten.

Ragte dann jenseits der Ladewang auf einmal e schtrube Mannegring aus dem Wasser, dessen Gesicht erst noch ein unverschämtes Grinsen zeigte, kam's den entsetzten Frauen und Mädchen vor, als sei der Leibhaftige selbst aus den Fluten getaucht. Die holde Weiblichkeit begann Zeter und Mordio zu schreien. Das Kreischen verstärkte sich noch, war es dem Uflat aus der Unterwelt etwa eingefallen, vor dem Auftauchen noch schnell eine der herumschwimmenden Wassernixen von unten zu kitzeln oder gar zu kneifen. Doch so plötzlich, wie dä schtrub Gring an der Oberfläche erschienen war, so rasch entschwand er wieder aus dem Gesichtskreis der zeternden Weiber.

Der Dürig, dem diese Vorfälle natürlich immer umgehend gemeldet wurden, legte sich sogleich auf die Lauer. Umsonst hielt er indessen nach demjenigen Ausschau, der nun jeden Augenblick in seiner Plumpi wieder hätte zum Vorschein kommen müssen. Der gesuchte Schwerenöter befand sich schon wieder auf trockenem Boden und berichtete den staunenden Kameraden lachend über sein Unterwasserabenteuer, das ihn zu den verlokkenden Sirenen jenseits der hohen Bretterwand geführt.

Der Sek-Brunnen und sein Baum reizten zum Schabernack

Der Kindergarten und die drei Schulhäuser, die elf Jahre meiner wundervollen Kindheit geprägt, sehen mit Ausnahme des Anbaus, den die Sek erhalten, noch genau so aus, wie mein Gedächtnis sie seinerzeit in Verwahrung genommen hat. In einem seiner unzähligen Schublädchen hat ihr Bild seither gelegen. Daraus habe ich es von Zeit zu Zeit hervorgeholt und angeschaut, habe ich aus der Gegenwart in die Vergangenheit flüchten wollen. Doch heute darf das Bild ruhig in meinem «Schubladenhirn» liegenbleiben. Schliesslich stehen mir die vier Gebäude im Original gegenüber.
Auf einmal beginnt sich der Schulhausplatz zu bevölkern, wie damals, wenn die Pausenglocke läutete. Aber es sind keine Schüler, sondern lauter Erinnerungen, die da auf mich zu stürmen. Und jede Erinnerung hat ihr eigenes Gesicht. Seltsam, ich sehe nur heitere Gesichter. Sind die traurigen Erinnerungen gestorben? Man könnte es so sagen. In Tat und Wahrheit hat das Gedächtnis, als die grauen Haare auf meinem Haupt überhandgenommen, die traurigen Erinnerungen aus ihrem Schublädchen entfernt, um fortan nur noch die schönen aufzubewahren.

Ich tue es einem richtigen Biographen gleich, indem ich ganz von vorn anfange, bei der frühesten Kindheit. Also gilt mein erster Augenschein dem Kindergarten. Was könnte mir dazu einfallen? Ich hab's; nicht ohne Absicht hat die Spielwiese meine Aufmerksamkeit sogleich auf sich gelenkt. Die Zeit dreht ihr Rad um 59 Jahre zurück. Eben hat mein Bruder vorgeschlagen, dass wir zusammen Bauer und Kuh spielen. Weil ich der jüngere bin, hat selbstredend mein Bruder ein Anrecht auf die Rolle des Bauern und kann er über seine Kuh nach Belieben verfügen. So treibt er sie denn auf die Weide und heisst sie fressen. Ich bin eine folgsame Kuh und tue deshalb, was der Bauer mir befohlen. Indes, das Gras bekommt mir nicht. Ich kriege ein fürchterliches Bauchgrimmen, und mir wird so übel, dass ich mich erbrechen sollte. Bevor es jedoch dazu kommt, werde ich in die Gegenwart zurückversetzt.

Die vielen Erinnerungen, die vor den beiden Primarschulhäusern der Schulstufen eins bis vier auf mich warten, vermöchten allein ein Buch zu füllen. Sie stammen aus den Jahren des freudigen Erwachens. Es war die Zeit der undeutbaren und doch so beseligenden Ahnungen und Erwartungen. Noch wurde ich vom Ernst des Lebens für zu leicht befunden, als dass er mich hätte ins Joch spannen mögen. Deshalb durfte ich alle schwierigeren Probleme weiterhin getrost meinen Eltern und dem lieben Gott überlassen. Meine Phantasie stand gerade in Blüte und wäre am liebsten übergesprudelt. Als man ihr Sankt Nikolaus, das Christkind und den Osterhasen wegnahm, grämte sie sich deswegen nicht allzusehr. Ersatz war ja im Überfluss vorhanden, und der Lichterbaum steckte auch ohne Christkind noch voller Wunder. Hing mir das Lesen, Schreiben und Rechnen zum Hals heraus, kehrte ich einfach zu meinen Spielsachen zurück. Weder die Lehrerin noch später der Lehrer nahmen mir dies übel; denn sie kannten den Weg, der schön in der Mitte zwischen der Neigung zum Spielen und dem Spass am Lernen verläuft.

Ein ganz anderer Wind wehte dann im Sekundarschulhaus. Für ds Märmele, Tütschele und ds Isebähnle hatten seine strengen Klassenzimmer kein Verständnis mehr, und dass das Lesen, Schreiben und Rechnen nicht bloss eine Spielerei sei, begriffen schon bald auch jene, von denen man sagte, sie hätten ein Brett vor dem Kopf. Wer den andern die Zähne zu zeigen verstand, gab den Ton an. Zarte Gefühle waren hier nicht gefragt. Aber die weise Natur hatte bereits vorgesorgt. Über Nacht waren einem Krallen gewachsen, mit denen man sich zur Wehr setzen konnte; man brauchte sie bloss hervorzukehren.

Natürlich musste sich auch die Phantasie den stark veränderten Verhältnissen anpassen und neue Wege suchen. Die Märchenbücher verschwanden. Der Lederstrumpf, Kapitän Hornblower und Karl Mays Helden traten auf den Plan. Ja, die Welt begann sich zu öffnen und zu locken. Im Knaben regte sich der Jüngling, der eines Tages auf Friedrich Schillers Schiff mit seinen tausend Masten und Segeln jauchzend in See stechen würde. Aber noch musste man, bis es soweit wäre, die Schulbank drücken. Um darob nicht in Trübsinn zu verfallen, schaute man immer häufiger zum Fenster hinaus, zu sehen, was sich draussen in der Freiheit tue, und man versuchte das kleinste Motorengeräusch zu erhaschen, das aus der Garage Iff kam, die nur gerade auf der andern Strassenseite lag. Es hiess, der rassige Iff, der eine ebenso rassige Spanierin geheiratet hatte, sei gerade dabei, ein eigenes Rennauto zu konstruieren. Dröhnte dann plötzlich das Schulzimmer von Motorengeheul, so dass sich der Lehrer veranlasst fühlte, mitten im Sommer die Fenster zu schliessen, wurde die männliche Jugend von der Faszination gepackt, und sie erstarrte in Ehrfurcht vor der Kühnheit der modernen Technik. Iffs legendärer Rennwagen der Zukunft interessierte sie mehr als die abgedroschenen Geschichten über das alte Rom, die ja schon zweitausend Jahre alt waren.

Auf der Suche nach weiteren Möglichkeiten, den Schulbetrieb etwas aufzulockern, stiess man auf die Flausen, und mit ihrer Hilfe wurde die Freude am Unfug entdeckt. Dieser begann schon gleich vor dem Schulgebäude. Bevor man dieses durch den Haupteingang betrat, kam man an einem Brunnen vorbei, zu dessen Linken ein Baum stand. Sein Stamm war durch grosse Auswüchse verunziert, die eine Art Treppe bildeten. Darauf liess es sich bequem zum Wipfel des Baums emporsteigen, wollte man das bunte Treiben am Brunnen von sicherer Warte aus beobachten. Von dort konnte man auch die lieben Kameraden mit allerlei Gegenständen aus dem Schulränzchen bombardieren oder die Mädchen erschrecken, wenn sie ihr Tintenfässchen im Brunnen auswuschen. Der Baum war denn auch ständig besetzt, und an seinem Fusse herrschte ein ewiges Drängeln, weil jeder trachtete, den begehrten

Der Sek-Brunnen und sein Baum

Sperrsitz auf der Baumspitze für sich zu erobern. Diejenigen, die unten bleiben mussten, machten ihrem Unmut hierüber dadurch Luft, dass sie einander in den Brunnen tauchten oder sich bespritzten, bis sie keinen trockenen Faden mehr am Leibe hatten. So forderten der Sekbrunnen und sein Baum, ohne es zu wollen, zum Schabernack heraus.

Während in den drei Schulhäusern meine Kindheit verflog, feierte unten auf dem grünen Rasen Langenthal seine «Eidgenössischen». Am meisten beeindruckte mich das Kräftemessen im Sägemehl, weil einer der Favoriten beim nationalen Hosenlupf Roth Röbu hiess, demnach beim selben Namen genannt wurde wie ich. Noch Wochen nach dem Schwingfest war ich bei meinen Mitschülern Hahn im Korb. Die Mädchen machten mir schöne Augen, und einer, der mich um meinen Erfolg beneidete, meinte seufzend: «Roth Röbu sött me heisse.»

Auch zwischen den «Eidgenössischen» war auf dem grünen Rasen allerhand los, ganz abgesehen davon, dass er dem Kadettenkorps als Sammel- und Exerzierplatz diente. Mit Vorliebe trafen sich darauf abends die Neuntklässler, die ja schon fast erwachsen waren und deshalb das Vorrecht besassen, länger aufbleiben zu dürfen als ihre jüngeren Mitschüler.

Man kam hierher, um mit seinen neusten Heldentaten zu prahlen, ein wenig den Mädchen nachzuspionieren, vor allem aber, um in dieser oder jener Sparte der Leichtathletik durch sein Können zu glänzen. Manchmal fand sich ein richtiges As auf dem Rasen ein. Sogleich wurde dieses umringt, und jeder bemühte sich, seine Gunst zu erlangen, damit er sich darin sonnen könne. Da gab es zum Beispiel den Schär Mani von Gutenburg, der es zum Schweizer Juniorenmeister im Speerwerfen gebracht hatte. Aber auch der Rickli Pfudi tauchte gelegentlich auf, krönten doch gleich zwei dieser stolzen Titel seine bisherige sportliche Laufbahn. Er war Juniorenmeister im Kugelstossen und im Zweihundertmeterlauf. Ja, legte der Rickli Pfudi einen seiner berühmten Läufe hin, begann die Erde zu zittern. Dann war's, als käme eine Büffelherde dahergedonnert.

Gastierte etwa gerade der grosse Zirkus im grossen Dorf, sagten die Neuntklässler auf dem grünen Rasen nicht nein, wenn der Rolf Knie mit ihnen darauf Fussball spielen wollte. Nicht selten schaute dabei ein Gratisbillett für die Tier- und Völkerschau heraus.

Der verschworene Haufen auf dem renommierten Platz wäre nicht vollzählig gewesen, hätte sich nicht gegen den Schluss des Abends noch der Miescher Bärtu dazugesellt, der ganz in der Nähe wohnte und beinahe mein Nachbar war. Trotzdem der überaus leutselige und stets zu Spässen aufgelegte Mann bereits im Zenit seines Lebens stand, war sein Gemüt so jung geblieben, dass wir mit ihm wie mit unseresgleichen verkehren konnten. Ereiferten wir uns über das Gehaben einzelner Dorfgenossen, die sich mit der Jugend nicht vertragen wollten, fuchtelte auch der Miescher Bärtu mit den Armen. Seine Augen sprühten Blitze, und am Ende einer heftigen Schimpfkanonade pflegte er sich dann seine Baskenmütze vom Kopf zu reissen und den Ausspruch zu tun: «Das si sowiso dummi Cheibe!» Damit war die Sache für ihn abgetan. Er kehrte wieder zur Fröhlichkeit zurück, und bald ging es auf dem grünen Rasen so lustig zu, dass die Neuntklässler und mit ihnen der Mann, der nie aufgehört hatte, ein Junge zu sein, aus dem Lachen nicht mehr herauskamen.

Ufhabe

Wibi, wäbi, wupp!

Schon kommt die Kreuzung in Sicht, an der das Jugendstilhaus meines Gesanglehrers gestanden. Zusammen mit ein paar andern Häusern sowie den Stallungen vom Summer Rüedu und der dazugehörigen Hoschtet ist es Langenthals Maschinenfabrik gewichen, die sich dank ihrer unternehmerischen Tüchtigkeit bis zur Kreuzung hat vorschieben können. Auch der weitläufige Park, der einst die Ringstrasse ein Stück weit begleitet hat, ist nicht mehr. Die wachsende Bevölkerung hat Wohnraum gebraucht; das Gelände ist überbaut.
Nach einer Verschnaufpause biege ich rechts in die Bützbergstrasse ein. Ich könnte gleichzeitig jubeln und weinen. Es ist das Kind in mir, das sich kaum noch im Zaum zu halten vermag. Seit es aus seinem Dornröschenschlaf erwacht ist, hat es immer ungestümer darauf gedrängt, endlich wieder nach Hause zu kommen. Unzählige Male habe ich mir den Augenblick ausgemalt, da ich nach dreissigjähriger Abwesenheit meinem Geburtshaus unter die Augen träte. Was würde in mir vorgehen? Jetzt stehen sie sich gegenüber, das Haus, in dem für den Heimkehrer alles seinen Anfang genommen hat, und der Jüngling von einst, der auf dem Schiff

mit den tausend Masten und Segeln jauchzend in See gestochen und nun still, auf einem bescheidenen Bötchen, wieder in den Heimathafen eingefahren ist. Aber nichts Besonderes geht in mir vor, und zwar deshalb, weil die dreissig Jahre der Abwesenheit auf einmal weg sind, wie wenn es sie gar nie gegeben hätte. Mir ist, als kehrte ich eben von einer kleinen Besorgung zurück.
Das Zuhause hat die dreissig Jahre ausgelöscht. Ich bin so stark mit ihm verbunden, dass die Vorkommnisse ausserhalb seines Bereichs plötzlich jede Bedeutung verloren haben und in sich zusammengefallen sind. Und das Zuhause war die Geborgenheit in der elterlichen Liebe und in vielen anderen gegenseitigen Zuneigungen, die im Licht der Elternliebe herangewachsen waren. Sie betrafen das Haus, in dem wir lebten, die Nachbarhäuser und ihre Menschen, die Gärten ringsum und alles, was darin kreuchte und fleugte. Vielleicht kehrt, wenn ich einmal sterbe, die Seele hieher zurück, zum Ursprung, von dem das Leben ausgegangen ist, um sich erst zu öffnen und hernach wieder zu schliessen. Dann wird es innerhalb des Kreises nur noch diese Zuneigungen geben, die mir mein Leben durchgeleuchtet haben. Ehe das neue Licht angehen wird, werden sie nochmals in aller Herrlichkeit erstrahlen.
Wie mein Geburtshaus, so hat sich auch das Nachbarhaus zur Linken kaum verändert. Beide Häuser waren einmal miteinander verschwägert. Kein Zaun trennte sie und ihre wunderschönen Gärten. Im Hause links wohnte Herr Weber mit seiner Familie. Er war Kreisgeometer. Ich wusste bloss, dass er Land vermass, konnte mir darunter jedoch nichts vorstellen. So war

denn das, womit sich unser Nachbar beschäftigte, ganz meiner Phantasie überlassen. Schon bald stand für mich fest, dass Herr Weber in einer geheimen Sache tätig sei und deshalb über alles, was sich zutrug, im Bilde sein müsse. In der Absicht, ihm dabei behilflich zu sein, steckte ich etwa ein Langenthaler Tagblatt in seinen Briefkasten, das mein Vater am Abend zuvor gelesen und versehentlich hatte liegenlassen. Später erfuhr ich dann, Herr Weber sei manchmal sehr verärgert gewesen, weil ihm der Postbote ein altes Tagblatt gebeizt habe.

Die Töchter des Kreisgeometers, ds Fröilein Dori und ds Fröilein Lucie, lächelten mir stets freundlich zu, wenn sie meiner ansichtig wurden, und schenkten mir manch gutes Wort. Ich dagegen betrachtete neugierig ihre Schuhe, um zu sehen, ob sie ganz oder kaputt seien. Dies hatte seinen besonderen Grund. War ich als Kleinkind gebadet worden, liess mich Vater, während er mich abtrocknete, auf seinen Knien reiten. Kreischte ich dann vor Vergnügen, sagte er ein Sprüchlein auf, das da lautete: «Wibi, wäbi, wupp! Wäbers Chind si blutt.» Ich dachte nichts anderes, als dass es sich hiebei um die Weber Kinder von nebenan handle, und fragte Vater, weshalb sie denn blutt seien. Weil sie auch gerade gebadet hätten, antwortete der Gefragte. Ob er sie denn sehen könne, wollte ich nun wissen. Vater nickte bejahend. Er konnte durchs Fenster unseres Badezimmers zu den Fenstern des Nachbarhauses hinüberschauen. «Was mache si de jitz?» setzte ich meine Fragerei fort. Da sagte Vater mit geheimnisvoller Miene: «Si sitze uf em Schtüeli u flicke ihri Schüeli.» Im warmen Bett

stellte ich mir dann die armen Weber Kinder vor, die nun nackt und frierend auf ihrem Stühlchen sitzen und ihre kaputten Schühlein flicken müssten.
Oder hatte Vater nur Spass gemacht? Die Mutter der Weber Kinder war nämlich eine herzensgute Frau, die ich richtig liebhatte. Sie sagte nicht nein, wenn ich sie bat, eine der beiden Tannen erklettern zu dürfen, die zuhinterst in ihrem Garten standen. Vor allem die Tanne rechts war zum Klettern wie geschaffen. Hoch oben auf einem ihrer starken Äste träumte ich die schönsten Träume meines Lebens und wuchsen meiner Phantasie die grossen Flügel, um die mich schon so mancher beneidet hat. Als Wäbertanne ist der prächtige Baum in meine Erinnerung eingegangen. Noch heute ragt die Tanne zusammen mit ihrer Schwester gen Himmel und blickt sie nach Süden, wohin ich von meiner luftigen Behausung aus im Herbst die Schwalben ziehen sah und von wo die Wanderer des Himmels wieder heimkehrten, wenn es Frühling geworden war.
Welch eine Überraschung! Sogar ds Houzhüsi und sein treuer Wächter, der Nussbaum, an denen vorbei ich in den grossen Garten gelangte, haben dreissig Jahre lang ausgeharrt, damit wir einander nochmals sehen können. Auch sie, ds Houzhüsi und der Nussbaum, waren in die Zuneigungen einbezogen, die mein Zuhause ausmachten, und sie sind aus meiner Kindheit nicht wegzudenken. In einem Raum des Häuschens lagen zu einem schönen Stoss aufgeschichtet die Scheite für den grossen Kachelofen, als es noch keine Zentralheizung gab. Und im selben Raum stand mein Leiterwägelchen, das mir die Eltern zum Geburtstag geschenkt hatten. Damit war

Sie gehörten zu meinem Zuhause:
ds Houzhüsi, der Nussboum u d Wäbertanne

ich häufig am Bahnhof anzutreffen. Ich wollte es dem Fuhrhalter Gutjahr gleichtun. Deshalb hatte ich es auf Reisende abgesehen, die vom Zug kamen und Mühe bekundeten, ihr Gepäck zu tragen. Ungeniert haute ich sie an und erbot mich, das schwere Gepäck auf meinem Leiterwägelchen zu transportieren — natürlich gegen Bezahlung. Ohne die Anzahl der zu befördernden Frachtstücke und die Länge des Transportweges zu berücksichtigen, hatte ich mir einen fixen Preis pro Fuhre ausgedacht, der zwanzig Rappen betrug. Meistens lehnten die Leute mein Angebot ab. Vielleicht war ich ihnen als Fuhrhalter noch zu jung und zu klein. Aber ab und zu klappte es halt doch. Dann bestanden allerdings meine Kunden darauf, dass sie das Wägelchen zogen. Ich selbst durfte mich gelegentlich oben auf den Koffer setzen, so dass ich mir wie ein richtiger Fuhrmann auf dem Bock vorkam. In diesen Fällen war mir nicht nur eine vergnügliche Fahrt beschert, sondern ich verdiente obendrein no-n-es Zwänzgi.

Nun bleibt mein Blick am Nachbarhaus hängen, das an die Ringstrasse angrenzt. Darin lebte in meiner Kindheit ein ehrwürdiger alter Herr, von dem man sagte, er besitze riesige Ländereien in «Guetemala». Manchmal stand ich nachts im blossen Hemdlein am Fenster und äugte zu dem spärlich beleuchteten Gemach hinüber, wo mein geheimnisvoller Nachbar an seinem Schreibtisch sass und über irgendwelchen Büchern brütete. Tagsüber pflegte er im grossen Park zu spazieren, der zu seiner Villa gehörte, oder das Gewächshaus zu besichtigen, in dem alle möglichen tropischen Pflanzen gediehen. Stets wurde der ehrwürdige alte Herr bei diesen

Spaziergängen von seiner Dogge begleitet. Ich nannte sie Sami, bis man mich darüber aufklärte, dass nicht die Dogge, sondern ihr Besitzer, Herr Lehmann, Sami, besser ausgedrückt, Samuel heisse. Von da an redete ich das mächtige Tier mit «Herr Lehme-Hung» an, wenn es zum Zaun kam, damit ich es streichle. Nachdem Samuel Lehmann das Zeitliche gesegnet hatte, wurde aus der einsamen Villa, dem Wunsch seiner Frau entsprechend, die lange vor ihm gestorben war, ein Altersheim. Wollte es der Zufall, dass ich dereinst als Greis in den «Lindenhof» einzöge, wäre ich nur durch einen Zaun von meiner Kindheit getrennt. Um dahin zurückzukehren, brauchte ich demnach bloss durch ein Loch im Zaun zu schlüpfen, so wie ich es als kleiner Knirps des öftern getan.